Die Entdeckung der persönlichen Werte

Für alle, die an sich selbst arbeiten
und damit einen entscheidenden Beitrag
zur Entwicklung leisten wollen.

Boëthius, Stefan; Ehdin, Martin; Marchand, René

Die Entdeckung der persönlichen Werte: Wie Sie beim Führen Engagement, Vertrauen und Glaubwürdigkeit entwickeln - und gleichzeitig mehr Spaß haben und bessere Resultate erzielen.

ISBN 3-908537-78-9

Alle Rechte vorbehalten
Nachdruck in jeder Form sowie die Wiedergabe
durch Fernsehen, Rundfunk, Film, Bild- und Tonträger
oder Benutzung für Vorträge, auch auszugsweise,
nur mit Genehmigung des Verlags

© der deutschen Ausgabe 2000
by Time/system® (Schweiz)
Gewerbestraße 4, 8162 Steinmaur

ISBN 3-908537-78-9

Realisation und Druck: Dialog Marketing Consulting GmbH

Stefan Boëthius/Martin Ehdin/René Marchand

Die Entdeckung der persönlichen Werte

Wie Sie beim Führen Engagement,
Vertrauen und Glaubwürdigkeit entwickeln...

...und gleichzeitig mehr Spaß haben
und bessere Resultate erzielen.

Inhalt

Vorwort   8

Teil 1
Führen an der Spitze - Bericht Nr. 3   11

    Die Persönlichkeit   14
    Grundwerte   16
    Zukunftstrends   22
        Verflüssigung   22
        Beschleunigung   27
        Individualisierung   31
    Konklusionen   35
    Wie weiter?   37

Teil 2
"Man muss sich Zeit nehmen zum Nachdenken."
Interview mit Sören Gyll   41

INHALT

Teil 3

Der Wertewandel — 51

- Die Unzufriedenheit — 52
- Versiegende Wertequellen — 55
- Der Einzelne oder die Gemeinschaft — 58
- Auf sich selbst hören — 61
- Alles ist subjektiv — 63

Teil 4

Die Herausforderung — 67

- Innere und äußere Motivation — 69
- Die Wirkung der persönlichen Werte — 72
  - Voraussetzungen zur Selbstmotivation — 73
  - Entwicklung der Persönlichkeit — 75
  - Implementierung der Unternehmenswerte — 78
- Erkenne dich selbst — 80

Vorwort

Es gibt etwas, das allen Menschen gemein ist: das Streben unser Dasein ständig im positiven Sinne zu verändern. Auch Regierungen, politische Parteien, Unternehmen und Organisationen sind ständig bestrebt, Verbesserungen zu erzielen. Sie versuchen, die Effizienz zu steigern, Rationalisierungen vorzunehmen sowie Qualität und Ergebnisse zu verbessern. Alle wollen, dass unsere Gesellschaft besser funktioniert und die Menschen zufrieden sind. Wir wollen auch, dass Menschen zuversichtlich und voller Energie sind. Wir sind bestrebt, eine Umwelt zu schaffen, die Engagement und Motivation fördert, weil wir wissen, welchen positiven Einfluss sie auf Einsatz, Qualität und Resultate hat.

Um dies zu erreichen, werden unzählige Veränderungen auf allen Ebenen eingeführt. Aber selten tritt die angestrebte Verbesserung ein. Die Prozesse verlaufen im Sand, und viele Ziele bleiben Wunschträume. Fast 80% aller Projekte erreichen die gesteckten Ziele nicht. Wo liegt das Problem? Die Erfahrung zeigt, dass das Scheitern in erster Linie durch das fehlende Engagement der Involvierten verursacht wird. Es gelingt der Führung nicht, die Menschen in dem Maße mitzureißen, wie dies nötig wäre.

Die Ursache des Problems ist eine Führungsfrage. Trotz aller Theorien, Konzepte, Managementschulen und Institute sind **gute Führungskräfte Mangelware**. Der Grund: **Traditionelle Führungsmethoden sind nicht zeitgemäß**. Sie scheitern vor allem an der Aufgabe, vorhandene menschliche Potentiale zu erkennen und sinnvoll zu fördern. So gibt es viele wichtige Führungsfragen, in denen die vorherrschende Denkart an ihre Grenzen stößt. Hier einige Beispiele:

Wie vermitteln wir das positive Bild einer Zukunft, für die sich die Leute einsetzen, und an der sie aktiv mitarbeiten wollen?

Wie bringen wir die Leute dazu, ihre Arbeit als Quelle wahrer Freude und als Möglichkeit zur persönlichen Entfaltung zu betrachten?

Wie bringen wir die Leute dazu, ihr eigener Chef zu werden?

VORWORT

Deshalb ist es heute wichtiger denn je, dass man sich fragt:

Was zeichnet eine gute Unternehmensführung aus, welche Eigenschaften hat eine gute Führungskraft?

Um hierauf eine Antwort zu erhalten, haben wir 49 der erfolgreichsten Führungskräfte in Schweden interviewt. Die Gespräche haben gezeigt, dass die traditionelle Führungsschulung in der Frage, was in der Praxis zu einer guten Führungspersönlichkeit führt, von einer falschen Annahme ausgeht. Derselbe Grund erklärt auch, warum die Managementmethoden, die ständig in neuen Varianten erscheinen, nicht im gewünschten Maße funktionieren.

Die Diskussionen mit Schwedens Führungselite zeigen, dass heute große Umwälzungen im Gange sind, die einen entsprechenden Paradigmenwechsel mit sich bringen. Man kann es auch als Generationswechsel oder als Eintritt in ein neues Zeitalter betrachten. Heute und in Zukunft werden an das Management völlig neue Anforderungen gestellt, was wiederum ein völlig neues Denken erfordert.

Wir haben festgestellt, dass ein wichtiger Faktor bisher übersehen wurde: **Die persönlichen Werte**. Erst wenn wir von unseren persönlichen Werten ausgehen, erzielen wir die Verankerung und die Wirkung, die nötig ist. Die Menschen fühlen sich dann automatisch in den Prozess einbezogen. Mit dieser Arbeit wollen wir einen neuen Weg der Führung aufzeigen – einer Führung, die auf persönlichen Werten basiert und auf echte und aufrichtige Weise das Vertrauen und Engagement der Beteiligten weckt. Wir nennen dies **die unsichtbare Führung**.

Bei den schwedischen Führungskräften, die uns in zwei Interviewrunden ihre persönlichen Erfahrungen und Überlegungen so großzügig mitgeteilt haben, möchten wir uns nochmals herzlich bedanken.

Stefan Boëthius, Martin Ehdin, René Marchand
Zürich im Februar 2000

Teil 1:

Führen an der Spitze
Bericht Nr. 3

- DIE PERSÖNLICHKEIT
- GRUNDWERTE
- ZUKUNFTSTRENDS
  - VERFLÜSSIGUNG
  - BESCHLEUNIGUNG
  - INDIVIDUALISIERUNG
- KONKLUSIONEN
- WIE WEITER?

DIE ENTDECKUNG DER PERSÖNLICHEN WERTE

Teil 1 Führen an der Spitze
Bericht Nr. 3

In unserem Bericht Nr. 2[1] präsentierten wir die Ergebnisse aus den Befragungen, die wir mit 49 der erfolgreichsten Führungskräfte Schwedens durchgeführt hatten. Interviewt wurden Konzernchefs und Vorstandsmitglieder der größten börsennotierten Unternehmen, ebenso Minister, Parteichefs und andere herausragende Persönlichkeiten der schwedischen Gesellschaft. Ziel dieses Forschungsprojektes ist es, die wichtigsten Faktoren einer guten Führung zu ermitteln und anschließend, mittels der praktischen Umsetzung der gewonnenen Erkenntnisse, den Führungskräften zu zeigen, wie sie ihre eigene Führungsfähigkeit am wirkungsvollsten weiterentwickeln können.

In einem nächsten Schritt trafen wir die bereits interviewten Top-Führungskräfte nochmals zu einem Gespräch. Zielsetzung war, die Ergebnisse des Berichts Nr. 2 zu diskutieren, die Themen weiter zu vertiefen und die zwei wichtigsten Führungsfragen, die noch immer ungelöst sind, zu evaluieren.

Wir wollten wissen:

- Wie können wir die Führungspersönlichkeit noch besser entwickeln, bzw. wie können wir diejenigen persönlichen Eigenschaften fördern, die eine gute Führungskraft auszeichnen, wie z.B. Ehrlichkeit, Offenheit, Glaubwürdigkeit, Enthusiasmus und Integrität?

- Wie können wir Werte in einer Organisation erfolgreich verankern und umsetzen, um eine Wertegemeinschaft zu schaffen, die sowohl Vertrauen, Engagement und Teamarbeit als auch Resultate fördert?

---

[1] S. Boëthius, M. Ehdin, Führen an der Spitze, Bericht Nr. 2, 1998

Teil 1: Führen an der Spitze - Bericht Nr. 3

Im ersten Teil des Interviews baten wir die Führungskräfte, Stellung zum Inhalt des Berichts Nr. 2 zu nehmen, den sie vorher erhalten hatten.

Fazit: Es wurde ausnahmslos bestätigt, dass unsere Konklusionen richtig sind.

Damit können wir folgendes als zutreffend erachten:

Persönlichkeit

- Die Persönlichkeit ist die wichtigste Führungskompetenz, wichtiger als Erfahrung, Wissen und Fertigkeit. Je höher die Position, um so wichtiger wird die Persönlichkeit der Führungskraft.

- Die heutige Führungsschulung und -entwicklung widerspiegelt diese Rangordnung nicht. Die meisten Organisationen entwickeln bei ihren Führungskräften nur Wissen und Fertigkeit. Dies sind jedoch die Kompetenzbereiche mit der niedrigsten Priorität im Top-Management.

Grundwerte

- Das Definieren und Implementieren von Werten bzw. die Schaffung einer Wertegemeinschaft sind zentral für eine gute Führung. Sie sind eine Voraussetzung, um das Humankapital zu entwickeln und richtig zu nutzen. Gut verankerte Werte haben einen direkten positiven Einfluss auf den Erfolg einer Organisation.

- Die Prozesse und Maßnahmen, die ergriffen werden, um Werte zu implementieren, bringen in der Regel nicht die gewünschten Resultate. Nach einer kurzen Zeit verpuffen die Anstrengungen, und nur wenig hat sich verändert.

DIE ENTDECKUNG DER PERSÖNLICHEN WERTE

Die Persönlichkeit

Ausnahmslos sind die interviewten Führungskräfte der Meinung, dass die Persönlichkeit die wichtigste Führungskompetenz ist. Dies gilt um so mehr, je höher die Position ist. Der Hauptgrund, warum so wenig unternommen wird, um die Persönlichkeit der Führungskräfte zu entwickeln, ist, dass es an Wissen und Erfahrung auf diesem Gebiet mangelt. Man hat auch Mühe zu erkennen, wie man konkrete, messbare Resultate schaffen soll. Außerdem stößt das Thema Persönlichkeitsentwicklung nicht selten auf Widerstand, weil es oft ungewohnte oder persönliche Fragestellungen tangiert. Auch kann das Eingeständnis, dass man seine Persönlichkeit entwickeln möchte, als Schwäche gedeutet werden.

Die Führungskräfte, die eingehende Erfahrungen mit Veranstaltungen zu Fragen der eigenen Persönlichkeitsentwicklung gesammelt haben, bewerten diese in der Regel als positiv. Wenn man eine gute Führungskraft werden möchte, ist es wichtig, dass man über sich selbst nachdenkt und sich seiner Stärken, Schwächen, Eigenheiten und Motive bewusst wird. Man ist grundsätzlich der Meinung, dass sich Führungskräfte zu wenig Zeit nehmen oder zu wenig Zeit haben, um über sich selbst zu reflektieren. Dies ist oft der Grund, warum sie – vor allem später, in höheren Positionen – an der Führungsaufgabe scheitern.

Im Bericht Nr. 2 kamen wir zu der Konklusion, dass eine gute Führungskraft die Fähigkeiten besitzt, zu wissen, was sie will, eine klare Linie zu vertreten und konsequent zu handeln. Die Befragten hielten dies für wichtig, um schwierige Beschlüsse zu fassen, schwierige Situationen zu bewältigen und turbulente Zeiten durchzustehen. Die eigene starke Überzeugung und die Glaubwürdigkeit des eigenen Handelns bewirken, dass man für seine Sache Unterstützung erhält. Mit anderen Worten:

Eine gute Führungskraft hat differenzierte persönliche Werte, die sie klar und deutlich durch ihre Handlungsweise zum Ausdruck bringt.

Teil 1: Führen an der Spitze - Bericht Nr. 3

Beim Auswerten der Interviews haben wir festgestellt, dass die Liste der genannten persönlichen Werte der Befragten mit der Liste der meistgenannten Eigenschaften guter Führungskräfte praktisch deckungsgleich ist. So wurden Ehrlichkeit und verwandte Begriffe wie Aufrichtigkeit, Vertrauen, Glaubwürdigkeit, Offenheit oder Engagement häufig genannt, sowohl als persönlicher Wert wie auch als wichtige Eigenschaft einer Führungspersönlichkeit. Diese Übereinstimmung bestätigt eine unserer Grundannahmen:

Die Reflexion über die eigenen Werte stellt eine effektive Methode dar, um die Führungsfähigkeit und damit Führungspersönlichkeit zu entwickeln.

Eine Führungskraft, die ihre persönlichen Werte entwickelt, verstärkt ihre Führung in folgender Weise:

- Man lebt, wie man lehrt. Worte und Handlungen befinden sich im Einklang. Man ist eindeutig und berechenbar. Dies schafft das notwendige Vertrauen, um die Mitarbeiter mitzureißen.

- Man weiß, was einen selbst weiterbringt, einem Spaß macht und sinnvoll ist. Man will etwas Wichtiges erreichen. Deshalb ist das Zukunftsbild, das man hat, positiv und attraktiv. Man hat es leichter, Visionen zu entwickeln, die Engagement wecken und von allen verwirklicht werden wollen.

- Man entwickelt eine gute Beziehung zu sich selbst. Man versteht, wie man selbst denkt, fühlt und handelt. Indem man sich selbst versteht, lernt man auch, andere zu verstehen, und dies ist die wichtigste Voraussetzung, um gute Beziehungen und eine gute Zusammenarbeit aufzubauen.

- Die persönlichen Werte dienen dem Menschen auch als stabile Grundlage und als gute Orientierung, um sich für die richtigen Ziele, die richtigen Prioritäten und ein angemessenes Handeln zu entscheiden. Man wird effizienter und erreicht damit bessere Ergebnisse.

Die Entdeckung der persönlichen Werte

Bei mehreren Interviews hatten wir die Gelegenheit, diesen Ansatz mit persönlichen Werten zur Entwicklung der Führungspersönlichkeit zu präsentieren.

Die Reaktionen und Kommentare können wie folgt zusammengefasst werden:

- Persönliche Werte sind ein Ansatz, den die Befragten noch nicht kannten.

- Die Vorgehensweise ist logisch, einfach und interessant.

- Menschen denken gerne über ihre Werte nach.

- Das Thema Werte ist aktuell und entspricht dem Zeitgeist.

- Die Diskussion über Werte ist wichtig, denn sie bildet die Grundlage für unsere Ethik und Moral.

- Man kann über die eigenen Werte Einfluss auf das eigene Denken und Handeln nehmen.

Grundwerte

Bei der Befragung kam deutlich zum Ausdruck, dass die meisten Anstrengungen, eine Wertegemeinschaft zu schaffen, etwa auch in Form der Implementierung einer Vision oder eines Leitbilds, nicht die erwarteten Ergebnisse brachten. Gerade die Verankerung der Werte bei den Mitarbeitern sei das Kernproblem. Es ist äußerst schwierig, Verhaltensänderungen im Sinne der Werte zu erreichen. Außerdem bleiben die gewünschten Effekte wie größeres Engagement und größere Partizipation teilweise oder ganz aus.

Teil 1: Führen an der Spitze - Bericht Nr. 3

Auf die Frage nach den Gründen für das Fehlschlagen der Implementierungsprozesse haben wir folgende Antworten erhalten:

- Man wählt als Werte Mode- und Schlagwörter. Diese besitzen jedoch keine Aussagekraft und passen eigentlich zu jeder Organisation. Sie wirken daher wenig glaubwürdig.
- Die gewählten Werte sind nicht kundenorientiert. Die Wahl der Werte richtet sich zu stark nach den Erwartungen des Aufsichtsrates und der Aktionäre.
- Die Werte verdeutlichen die Geschäftsidee zu wenig. Man vergißt, dass die Werte die Einzigartigkeit sowie die Stärke der Organisation widerspiegeln sollten. Die Werte müssen die Existenzberechtigung der Organisation zum Ausdruck bringen.
- Die Werte werden als ein PR-Werkzeug verwendet. Sie sind nur in Hochglanzbroschüren oder im offiziellen Jahresbericht erwähnt. Es besteht keine ernste Absicht, sie auch vorzuleben.
- Es werden zu viele Werte gewählt. Damit gehen der Fokus und die Durchsetzungskraft verloren. Zehn Werte können nicht gleichzeitig implementiert werden. Maximal drei Werte sollten gewählt werden.
- Zu oft glaubt man, dass es genügt, die Werte lediglich zu kommunizieren. Weder Kikkoffs, Seminare, Workshops, Arbeitsgruppen noch Veranschaulichungsmaterial wie Poster und Schriften haben einen nachhaltigen Effekt. Es zählt nur das, was durch konkrete Handlungen zum Ausdruck kommt. Nur das Exempel des Vorgesetzten kann die Werte bei den Mitarbeitern verankern.
- Man unterschätzt den Zeitaufwand. Die Implementierung von Werten ist kein zeitlich begrenztes Projekt, sondern ein lang andauernder Prozess. Mit einer kurzfristigen Zeitperspektive ist der Prozess zum Scheitern verurteilt. Die Schaffung einer Wertegemeinschaft nimmt mehrere Jahre in Anspruch, und diese am Leben zu erhalten, ist ein permanenter Prozess.
- Das Top-Management vergißt oft, dass es ständig dabeisein und den Prozess begleiten muss. Werte erhalten keine Durchschlagskraft, wenn der Werteimplementierungsprozess nicht auf der höchsten hierarchischen Ebene innerhalb der Organisation beginnt. Erst wenn das Top-Management zeigt, dass es die Werte ernst nimmt, und sich selbst dazu verpflichtet, sie zu leben, werden die Mitarbeiter motiviert sein, das Gleiche zu tun.

DIE ENTDECKUNG DER PERSÖNLICHEN WERTE

Die Aussagen zeigen, dass das wichtigste Erfolgskriterium für die Schaffung einer Wertegemeinschaft die Kommunikation der Werte durch Taten ist. Auch wenn dies selbstverständlich erscheint, zeigt die Praxis ein ganz anderes Bild. Die meisten von uns untersuchten Implementierungsprozesse beschränkten sich hauptsächlich auf die verbale und visuelle Vermittlung der Werte. Nachdem die Mitarbeiter bereits ein paarmal die Werte präsentiert erhalten hatten, hörten sie jedoch nicht länger zu. Die an jeder verkehrsstrategisch wichtigen Wand aufgehängten Poster mit den Unternehmenswerten, inklusive der Unterschriften der Geschäftsleitung, werden kaum beachtet. Die kleine, feine Schrift, die die Werte der Organisation auf einfache Art erklärt und darstellt, landet bald in einer Schublade, wo sie vergessen wird. Hierzu ein konkretes Beispiel:

"Unübersehbar" und doch übersehen

Ein Unternehmen, das wir besuchten, hatte seit zwei Monaten seine neuen fünf Werte auf einem ca. 10 Meter langen Anschlagbrett genau am Haupteingang präsentiert. Jeder Mitarbeiter ging hier mehrmals am Tag ein und aus. Jeder musste also die Plakate sehen. Es hatten auch Präsentationen stattgefunden, um die Werte zu kommunizieren. Wir machten einen Test und befragten während der Mittagspause wahllos Mitarbeiter, ob sie die fünf Werte aufzählen könnten. Eine Person konnte sich an vier Werte erinnern. Fast ein Drittel der befragten Personen wußte keinen Wert auswendig. Das Ergebnis war derart niederschmetternd, dass die Unternehmensleitung den Abbruch des Werteprojektes in Betracht zog.

Das Problem liegt offenbar in der Schwierigkeit, aus den Werten konkrete Handlungen abzuleiten. Die Handlungen müssen so umgesetzt werden, dass sie die Werte eindeutig veranschaulichen.

Dass dies nicht gelingt, ist nicht verwunderlich, denn bis jetzt wurde unseres Wissens niemand in dieser Aufgabe gezielt geschult bzw. gecoacht. Es fehlt an Know-how, wie Werte richtig implementiert werden. Daher fallen die unternommenen Versuche oft oberflächlich

Teil 1: Führen an der Spitze – Bericht Nr. 3

und schwerfällig aus. Außerdem besteht die Gefahr, dass man mehr Verwirrung als Klarheit schafft. Hierzu ein Beispiel:

Am Ziel vorbei

Eine Konzernleitung hatte unter anderem den Wert Offenheit gewählt. Einige Mitglieder der Konzernleitung glaubten, dass sie diesen Wert ohne jegliche Differenzierung anzuwenden hatten. Es entstand große Aufregung, als sie offen über zukünftige Pläne Auskunft gaben, die auch einige Stilllegungen von Produktionsstätten bzw. Veräußerungen von Geschäftsbereichen beinhalteten. Der größte Fehler war, dass diejenigen, die von den Stilllegungen und Veräußerungen betroffen waren, es nicht als Erste und zudem noch indirekt und verzerrt, via irgendeinen Kollegen, erfahren hatten. Es brauchte fast ein Jahr, bis sich die Wogen wieder geglättet hatten.

Wir haben uns eingehend mit der Frage befasst, welcher Ansatz die richtige Implementierung der Werte gewährleisten würde. Dabei sind wir wieder auf die persönlichen Werte gestoßen. Bevor ein Wert glaubwürdig umgesetzt werden kann, muss er differenziert sein, d.h., dass man die verschiedenen Nuancen und Aspekte, die ein Wert beinhaltet, erkennt. Ein Wert ist weder schwarz noch weiß, sondern hat viele Schattierungen. Um die Organisationswerte differenziert zu implementieren, braucht es ein Referenzsystem, nämlich die eigenen Werte. Erst wenn eine Führungskraft z.B. den Wert Ehrlichkeit auf der persönlichen Ebene umsetzen kann, hat sie die Voraussetzung, diesen Wert auch auf der Organisationsebene glaubwürdig und deutlich in eigene Handlungen zu integrieren.

Daher unsere Konklusion: Die Implementierung von Organisationswerten setzt voraus, dass sowohl Führungskräfte wie Mitarbeiter sich mit ihren persönlichen Werten auseinandersetzen.

Die Entdeckung der persönlichen Werte

Unsere Nachforschungen zeigen:

Schon allein die Reflexion über persönliche Werte hat eine uns in die gewünschte Richtung führende Wirkung.

Wirkung

- Durch die Reflexion über persönliche Werte wird ein Grundverständnis für den Implementierungsprozess viel schneller erworben. Die persönlichen Werte sind für das Individuum in diesem Prozess eine unmittelbare persönliche Erfahrung. Die Art und Weise, wie man sie umsetzt, kann dadurch einfacher nachvollzogen werden. So werden bei der Implementierung der Organisationswerte nicht nur Fehler vermieden, sondern die Prozesse können auch erheblich beschleunigt werden.

- Die persönlichen Werte helfen uns, einen persönlichen Bezug zu den Organisationswerten herzustellen. Dies erhöht zum einen die Motivation, die Organisationswerte dem eigenen Verhalten einzuverleiben. Zum anderen erfahren wir über unsere persönlichen Werte, in welcher Weise wir am besten zur Implementierung der Organisationswerte beitragen können.

Bei mehreren Interviews hatten wir die Möglichkeit, über konkrete Werteimplementierungsprozesse zu sprechen, die man im Unternehmen oder in der Organisation entweder gerade durchführte oder bereits durchgeführt hatte. Diejenigen, die mitten im Prozess standen, waren eindeutig zuversichtlicher bezüglich der Erfolgsaussichten ihrer Anstrengungen. Diejenigen, die diesen Prozess bereits durchlaufen hatten, waren in den meisten Fällen über die Ergebnisse enttäuscht. In allen Fällen hatte man den traditionellen Ansatz gewählt: die reine Fokussierung auf die Organisationswerte. Der Aspekt der persönlichen Werte wurde nie in Betracht gezogen.

Teil 1: Führen an der Spitze – Bericht Nr. 3

Auf unsere Erklärungen, warum eine traditionelle Vorgehensweise kaum Erfolgschancen besitzt bzw. dass erst der Einbezug der persönlichen Werte die richtige Implementierung möglich macht, erhielten wir zwei Arten von Reaktionen.

Reaktionen

- Für die einen war der Ansatz mit den persönlichen Werten zu weit weg von herkömmlichen Denk- und Vorgehensweisen. Einige haben den Ansatz überhaupt nicht verstanden. Andere wiederum hatten Mühe zu erkennen, dass die Auseinandersetzung mit den persönlichen Werten einen positiven Beitrag für das Unternehmen bzw. für die Organisation leisten kann. Diese Reaktion hatten wir vor allem in Industrieunternehmen.

- Eine positive Reaktion erhielten wir vor allem von Organisationen, die weniger hierarchisch und zentralistisch strukturiert waren, in der Regel Dienstleistungs- und Wissensunternehmen. Kennzeichnend war, dass die Mitarbeiter in diesen Organisationen ein hohes Ausbildungsniveau sowie eine verhältnismäßig anspruchsvolle Aufgabe hatten. In zwei Fällen hat die Unternehmensleitung einen Implementierungsprozess nach unseren Vorschlägen eingeleitet.

DIE ENTDECKUNG DER PERSÖNLICHEN WERTE

Zukunftstrends

Die Fragestellung, was eine gute Führungskraft auszeichne, führte auch zwangsläufig in die Diskussion über die wichtigsten Entwicklungstrends, die die Führung in der Zukunft beeinflussen werden. Die Gespräche zeigen, dass eine übereinstimmende Vorstellung von den zukünftigen Trends herrscht. Sie können nach drei Aspekten eingeteilt werden:

Die folgenden Überlegungen basieren auf den geführten Gesprächen mit den Top-Führungskräften. Sie werden aber durch eigene Gedanken ergänzt. Insbesondere soll die Entwicklung in Bezug auf die Anforderungen an die Unternehmensführung betrachtet werden. Konkret geht es um die Frage, ob der Ansatz mit den persönlichen Werten auch unter dem Aspekt der Zukunftstrends bestätigt werden kann.

Verflüssigung

Globalisierung ist heute ein Modebegriff. Alle sprechen davon. Als Beispiel dafür wird der **Zusammenschluss von Märkten** erwähnt. Man denke insbesondere an die EU. Der Trend zu Elefantenhochzeiten zwischen Großkonzernen, die nachher als heimatlose Giganten die ganze Welt als ihr Revier betrachten, ist ein weiteres Beispiel. Die **Fusionen** bewirken Synergien, was im Normalfall Einsparungen an Mitarbeitern, Produktionsstätten und Standorten bedeutet. Mit anderen Worten: gewaltige Umstrukturierungen.

Teil 1: Führen an der Spitze - Bericht Nr. 3

Unternehmen, die seit Jahrzehnten zur Identität einer Nation gehören, werden plötzlich von ausländischen Unternehmen aufgekauft. Die Autoindustrie ist hier ein gutes Beispiel: Rolls Royce, Jaguar, Volvo. Der bisher selbstverständliche Hauptsitz und Produktionsstandort im Heimatland kann von heute auf morgen in ein anderes Land verlegt werden – je nachdem, was strategisch und finanziell vernünftig scheint. Und verursacht ein Staat zu viele Probleme, zieht man einfach weg.

Und schließlich der **Siegeszug der Kommunikationstechnologie**, welche die Distanzen unserer Welt auf ein Nichts schrumpfen lässt. Handy, Internet, Intranet und Email machen die physische Begegnung und das gemeinsame Büro fast überflüssig – man kann auch so kommunizieren, als ob man im gleichen Raum sei. Menschen können an dem gleichen Projekt arbeiten, auch wenn sie über den gesamten Globus verstreut sind. Die Arbeit zu Hause oder an dem Ort, an dem man sich gerade befindet, zu verrichten, ist ein Trend, der sich noch erheblich verstärken wird. Gegenden, in denen der Verkehr sich zu einem immer größer werdenden Umwelt- und Zeitproblem entwickelt, werden hier die Vorreiter sein.

Die Globalisierung bringt **Wahlfreiheit** – auch für den Konsumenten. Die **Märkte öffnen sich**, und der **Wettbewerbsdruck steigt**, da man sich ohne Hindernisse über die Landesgrenzen hinweg beim preisgünstigsten Anbieter eindecken kann. Das Angebot kann über **Internet** abgerufen werden, und die Bestellung erfolgt per Mausklick. Es gibt Suchprogramme, die dem Internet-Surfer die besten Angebote auf den Bildschirm holen. Die Märkte werden dadurch erheblich transparenter. Die **Währungs- und Zollunionen** ermöglichen den freien Fluss von Ware und Geld zwischen den Ländern. Wie die Verlängerung dieser Entwicklung aussieht, kann man bereits erahnen, aber die Auswirkungen für die Gesellschaft, die Wirtschaft und die Lebensgewohnheiten des Einzelnen sind kaum absehbar. Eins ist sicher: Es wird ganz anders.

Auch die arbeitende Bevölkerung kann ihr Menü an Arbeitgebern und Stellenangeboten um ein Vielfaches erweitern. Bei der Arbeitssuche braucht man sich nicht länger auf das eigene Land zu beschränken. **Aufenthalts- und Arbeitsbewilligungen in anderen Ländern** sind keine Hürden mehr. Auch die Sprachbarrieren werden von Tag zu Tag geringer. Die meisten

Die Entdeckung der persönlichen Werte

Multis haben bereits Englisch als Konzernsprache eingeführt. **Zweisprachigkeit** wird die Losung sein – die eigene Muttersprache und Englisch. Für Englisch spricht die Tatsache, dass es heute bereits die meistverstandene Sprache, die Sprache des Business und der Informationstechnologie ist.

Globalisierung bedeutet Auflösung von Grenzen. Eine Verflüssigung. Die Überwindung von Zeit und Raum. Sie wird einen gewaltigen Veränderungsschub auslösen. Man sagt heute bereits, dass das einzige, was konstant ist, die Veränderung selbst sei. Doch hier handelt es sich um ein radikales Umdenken, vielleicht sogar um die größte Revolution in der Wirtschaftsgeschichte. Somit wird die heute schon oft zu hörende Anforderung an die Unternehmensführung noch wichtiger. Flexibilität, um die sich ständig ändernden Bedingungen in Chancen zu verwandeln. Dazu gehören die Bereitschaft, Dinge in Frage zu stellen, neue Wege zu gehen, Ballast abzuwerfen, Gelegenheiten wahrzunehmen, Horizonte zu erweitern, sowie die Fähigkeit, ganzheitlich und global zu denken wie auch schnell und entschlossen zu handeln.

Die **Auflösung von Grenzen** bedeutet ein Zusammenschmelzen von Nationen und Wirtschaften. Dies hat weitreichende Konsequenzen für den einzelnen Menschen. Es kommt zu einer zunehmenden **Vermengung von Nationalitäten, Kulturen, Rassen und Religionen**. Das, was uns eine Identität gibt und deren Zugehörigkeit uns sogar mit Stolz erfüllt, löst sich langsam, aber sicher auf. Internationalität ist gefragt. Doch der Mensch braucht Grenzen, ansonsten fühlt er sich verloren und entfremdet. Die Lösung des Problems kann nur im Finden neuer Grenzen liegen. Da dies je länger, je weniger auf einer kollektiven Ebene möglich ist, muss es vermehrt auf individuellem Niveau geschehen. Wenn sich die gesellschaftlichen Normen auflösen, müssen wir lernen, uns trotz der fehlenden Grenzen und Orientierungspunkte zurechtzufinden. Die kollektiven Werte müssen durch persönliche Werte ersetzt werden. Wir sehen heute die ersten Tendenzen. Die Rolle der Kirche und der Schulen als Wertevermittler nimmt ab. Die Familie als Institution ist aufgeweicht, und die Rolle der Eltern als Vorbilder wird mehr und mehr in Frage gestellt. Als Wertelieferant bleibt der Mensch am Ende sich selbst überlassen.

Teil 1: Führen an der Spitze - Bericht Nr. 3

Die Besinnung auf die persönlichen Werte macht den Menschen zu einem bewussten und kritischen Konsumenten und Mitarbeiter. Mit der Entwicklung eines eigenen Standpunktes wird der Mensch mündiger. Er delegiert nicht länger seine Autorität an irgendwelche kollektiven Institutionen oder Führungsfiguren. Er fühlt sich verpflichtet, gemäß seinen Werten zu agieren. Die ersten Zeichen dafür sind schon sichtbar: Immer mehr Menschen vermeiden es, Aktien von Unternehmen zu kaufen, die sich unverantwortlich verhalten. Die Zahl der Konsumenten steigt, die bewusst Produkte und Dienstleistungen von Unternehmungen bevorzugen, die ihre gesellschaftsfördernde und menschenorientierte Einstellung durch konkrete Handlungen zum Ausdruck bringen. Die Anzahl der Mitarbeiter nimmt zu, die ihre Präferenz Arbeitgebern geben, die nicht nur gute Werte kommunizieren, sondern diese auch vorleben. Was das Unternehmen repräsentiert, ist genauso wichtig wie das, was man verkauft. Die Konsumenten und Mitarbeiter erwarten von den Unternehmen, dass sie beispielhafte Mitglieder unserer Gesellschaft sind.

Eine neue Unternehmensführung ist gefragt. Eine, die die Forderung nach sozialer Verantwortung, umweltfördernden Maßnahmen und persönlicher Entwicklung der Mitarbeiter und Konsumenten nicht als eine Belastung betrachtet, sondern als Chance sieht, noch erfolgreicher zu werden. Die Aufgabe der Unternehmensführer ist die Schaffung einer "Win-win-win-Situation" zwischen den Interessen des Unternehmens, den Interessen der Mitarbeiter sowie den Interessen der Öffentlichkeit. Der einzige Weg, dieser Aufgabe gerecht zu werden, führt über die Schaffung einer Unternehmenskultur, die auf Werten aufbaut, die für alle Interessenparteien wichtig sind. Doch dies kann nicht von heute auf morgen realisiert werden. Die erfolgreichen Unternehmen werden einen langfristigen Wandlungsprozess nicht scheuen und beharrlich auf das gewünschte Ziel hinarbeiten: dass die Unternehmenswerte im ganzen Unternehmen auch gelebt werden.

Die Implementierung von Werten kann nur funktionieren, wenn die Unternehmensführung glaubwürdig ist und das Vertrauen aller Interessenparteien genießt. Zu oft haben Unternehmen schöne Worte in Form von Leitbildern und PR-Broschüren produziert, ohne den Worten auch konkrete Taten folgen zu lassen. Es bleibt beim Lippenbekenntnis. Man glaubt, dass es genügt, die gute Gesinnung und die guten Absichten nur zu kommunizieren. Diese Art von

DIE ENTDECKUNG DER PERSÖNLICHEN WERTE

Deklarationen der Unternehmensführung haben einen angelsächsischen Namen: "Corporate Bullshit". Was damit erreicht wird, ist genau das Gegenteil von dem, was man bezwecken will: Man setzt das ganze Vertrauenskapital der Unternehmensführung aufs Spiel. Es gibt nämlich nichts, was mehr Misstrauen und Ablehnung weckt, als wenn das Ge- und Versprochene nicht mit den Handlungen übereinstimmt. Worte und Taten müssen eins sein.

Glaubwürdig wird eine Unternehmensführung, wenn sie das Gesagte mit aller Deutlichkeit und Konsequenz auch in die Praxis umsetzt. Aber was noch wichtiger ist, ist das Vertrauen. Dies kann nur gewonnen werden, wenn das Getane auch einen hohen Wert hat - und zwar für alle Parteien.

- Die Verflüssigung stellt einen bedeutend höheren Anspruch an Deutlichkeit, Berechenbarkeit und Integrität des Einzelnen. Wer keinen klaren Standpunkt einnimmt, kein eindeutiges Profil zeigt und keine überzeugende Identität hat, läuft Gefahr, selbst mit zu verfließen.

- Die von der Verflüssigung bedingte Auflösung von Grenzen zwingt daher das Individuum zu persönlicher Entwicklung. Der Schwund der kollektiven Werte führt zu einer notwendigen Entdeckung der persönlichen Werte.

- Die Auseinandersetzung mit den eigenen Werten erhöht die Bereitschaft des Einzelnen zur Eigenverantwortung. Damit steigen aber auch die Ansprüche: Das eigene Leben wie auch die Arbeit muß einen Sinn haben und einen erlebten Wert erbringen. Daher werden mit diesem Maßstab, den das Individuum auf sich selbst anwendet, in Zukunft auch die Organisationen gemessen.

- So ist die Forderung nach wertekongruentem Verhalten der Organisationen nicht einfach ein Wunsch der Kunden und Mitarbeiter nach Halt und Orientierung, sondern erwächst - quasi systemimmanent - als logische Folge unseren sich ändernden, gesellschaftlichen Rahmenbedingungen.

- Eine zukunftsorientierte Unternehmensführung ist daher gut beraten, bei dieser Entwicklung den Anschluss nicht zu verpassen.

Teil 1: FÜHREN AN DER SPITZE – BERICHT NR. 3

Beschleunigung

Eine Folge der Globalisierung und gleichzeitig ein Trend in sich ist die **Zunahme der Geschwindigkeit des Geschehens**, der **technologischen und wirtschaftlichen Entwicklung**. Mit der **weltweiten Transparenz und Verfügbarkeit von Informationen** wird die **Schnelligkeit des Handelns** zum Erfolgsprinzip. Wer als Erster mit einem guten Produkt Fuß fassen kann, betreibt eine aktive Zukunftssicherung seines Unternehmens. Daraus resultiert eine grundsätzliche Notwendigkeit zur Ausrichtung des Geschehens auf Geschwindigkeit. Dazu gehört, Entwicklungen als Erster zu erkennen, und der Schnellste zu sein, sich diesen anzupassen. Die Amerikaner nennen dies "Speed Management".

Es reicht aber nicht, nur ein Anpassungskünstler zu sein. Chamäleon-Eigenschaften sind zwar wichtig, aber gefragter ist der "Veränderungsdrang" bei Führungskräften. Denn wer wartet, bis eine Veränderung ein Faktum ist, und glaubt, dass eine Anpassung dann noch rechtzeitig möglich sein wird, sieht sich getäuscht. Die Entwicklung kann dann nicht mehr eingeholt werden. Die Unternehmensführung muss die Fähigkeit besitzen, der Entwicklung zuvorzukommen. Nur so kann sie sicherstellen, dass ihr Unternehmen zu den erfolgreichen gehört. Mit anderen Worten: Eine Unternehmensführung muss sich heute schon einen Vorsprung verschaffen, indem sie die Initiative ergreift, um die Veränderungen einzuleiten, bevor sie fällig werden. Das nennt man nicht länger "Change Management", sondern "Change Leadership". In diesem Sinne wird die erfolgreiche Unternehmensführung zum "Beschleuniger" und trägt somit zur Verstärkung des Trends Beschleunigung bei. Derjenige, dem das "Speed Management" nicht gelingt, wird zwangsläufig zum "Beschleunigten". Ihm bleibt als Handlungsalternative nur die Reaktion und die Schadensbegrenzung.

Mit diesem Trend zur Beschleunigung ist auf der Stufe des Unternehmens klar, dass bewährte Managementpraktiken zu kurz greifen bzw. die Tendenz haben, die Beschleunigung zu reduzieren statt zu unterstützen. Galt bisher die Maxime, dass eine Arbeitsanweisung, Vorschrift oder Richtlinie zuerst ausgegeben und deren Einhaltung dann kontrolliert werden musste, so kann dies im Zeichen der Beschleunigung nicht mehr bestehen. Der Gang des Geschehens, und damit die Realität, überholt zunehmend die Norm, die erst im Entstehen begriffen ist. Brandneue Vorschriften müssen ergänzt werden, bevor sie überhaupt greifen

Die Entdeckung der persönlichen Werte

können, um auch für neu auftretende Ausnahmen und Einzelfälle ihre Gültigkeit zu bewahren. Neue Organigramme sind bereits wieder veraltet, bevor sie kommuniziert wurden. Stellenbeschreibungen müßten eigentlich wöchentlich nachgeführt werden, es sei denn, sie sind so allgemein gehalten, dass sie ihren Wert verlieren.

Immer häufigere und kurzlebigere Vorschriften, um das Geschehen zu kontrollieren, können hier keine Lösung bringen. Daraus entsteht allzu rasch ein sich aufblähender unproduktiver Aufwand. Die Lösung muss an der Wurzel greifen. Im Zeitalter des Wandels und der Beschleunigung ist die Maxime der vollständigen und permanenten Kontrolle des Unternehmensgeschehens durch die Führungskraft nicht mehr anwendbar: Direkte Detailkontrollen sind weder zeitgerecht durchführbar noch durchsetzbar. An ihre Stelle muss die Rahmenkontrolle treten: die Selbstkontrolle der Mitarbeiter, die innerhalb eines Handlungsrahmens abläuft und die darin Interpretationsfreiräume zulässt.

Damit die größere Freiheit nicht im Chaos endet, sondern zu einer gut abgestimmten Zusammenarbeit und zu einem höheren Wirkungsgrad führt, sind gemeinsame Werte unabdingbar. Die Werte geben den Mitarbeitern den Rahmen und die Orientierung, die eine Selbstgestaltung wie auch eine Selbstkontrolle der eigenen Arbeit ermöglichen. Aus den Werten können die entscheidenden Ziele für das Unternehmen abgeleitet werden. Sie bilden die Leitplanken für das geforderte unternehmerische Denken und Handeln der Mitarbeiter. Damit wird jeder in die Lage versetzt, Initiativen zu ergreifen und die Gesamtinteressen der Organisation ständig im Visier zu behalten.

Eine gut verankerte Wertegemeinschaft ersetzt somit ganze Handbücher und macht auch sonstige Steuerungs- und Kontrollinstrumente überflüssig. Mit der gewonnen Selbständigkeit steigert sich die Effektivität des Einzelnen und damit auch die Fähigkeit, mit der ständig zunehmenden Geschwindigkeit Schritt zu halten. Dadurch kann die Unternehmensführung sich den für den Unternehmenserfolg entscheidenden Vorsprung verschaffen. Aber wie schon erwähnt: Bedingung ist, dass die Organisationswerte bei den Mitarbeitern gut verankert sind. Und dies kann nur geschehen, wenn sich die Mitarbeiter ihrer eigenen Werte bewusst sind.

Teil 1: Führen an der Spitze - Bericht Nr. 3

Auch auf der Stufe des Individuums muss gegenüber der Beschleunigung eine geeignete Antwort gefunden werden. Die Entwicklungsbeschleunigung passiert an derart vielen Fronten und mit einer derart rasenden Geschwindigkeit, dass es im Prinzip unmöglich ist, mitzuhalten. Vor allem dann, wenn man sich auf einen Wettlauf mit der Entwicklung einlässt. Dies ist aber heute die gewöhnlichste Reaktionsform, mit der Konsequenz, dass viele unter dem **"Burn-Out"-Syndrom** leiden. Das ständige Hinterherspringen und Sprinten bedingt einen enormen Energieverschleiß und führt unweigerlich zur mentalen und physischen Erschöpfung. Die Symptome sind uns wohlbekannt: Resignation, Sinnlosigkeit und fehlende Motivation.

Wir, die wir mitten in dieser Entwicklung leben, sind uns dieser ständigen und sich überall vollziehenden Beschleunigung oft nicht bewusst. Wenn wir aber die heutige Situation mit der Entwicklung vor 2000 Jahren vergleichen, können wir leichter erkennen, mit welchem Höllentempo wir uns bewegen. Und es wird alles noch viel, viel schneller. George Anderla erstellte 1973 eine Studie über die Entwicklung des Wissens. Er analysierte darin das **Wachstum des Menschheitswissens** und stellte es dar. So bezeichnete er das gesamte Wissen der Menschheit zum Zeitpunkt von Christi Geburt mit einer Wissenseinheit. Bis das gesamte Wissen der Menschheit sich einmal verdoppelte, dauerte es genau 1500 Jahre. Anschließend dauerte es nur noch 250 Jahre (also 1750), bis sich das Wissen wiederum verdoppelte. Der nächste Intervall dauerte nur noch 150 Jahre. Im Jahre 1900 betrug das gesamte Wissen der Menschheit, gemessen an der Grundeinheit eins im Jahre null, also acht Einheiten. Heute beträgt das Wissen der Menschheit bereits viele Tausend Einheiten und es verdoppelt sich derzeit alle zwei bis drei Jahre. Im Jahre 2015 wird das Wissen der Menschheit schätzungsweise zwei Millionen Einheiten betragen.

Die Beschleunigung können wir nur durch die Erhöhung unserer persönlichen Effektivität meistern. Wir müssen im Voraus wissen, worauf wir unser Denken und Handeln konzentrieren sollen. Wir müssen bereit sein, alles abzuwerfen, was Ballast ist und uns nur langsamer macht. Der positive und aktive Lösungsansatz liegt in der Umgehung der Beschleunigung, indem wir unsere Prioritäten ganz scharf und eng festlegen. Diese Fokussierung auf das Allerwichtigste gelingt nur, wenn man die Fähigkeit besitzt, mentale Sprünge in die Zukunft

Die Entdeckung der persönlichen Werte

zu vollziehen. Wenn man gedanklich vor der immer schneller werdenden Entwicklung liegt, erkennt man die Dinge, die am meisten Bedeutung haben und die größte Wirkung bringen. Somit erhalten wir eine tiefgreifende Zuversicht in die Zukunft, denn wir wissen bereits, was auf uns zukommt, worauf es ankommt und haben uns schon entsprechend vorbereitet.

Es ist gerade die Unsicherheit über die zukünftige Entwicklung, die den Einsatz unserer Energien unwirtschaftlich macht. Wenn wir nicht wissen, wo wir genau ansetzen sollen, müssen wir uns absichern und unsere Prioritäten breiter verteilen. Zwangsläufig verlieren wir an Effektivität und werden durch den mitgeschleppten Ballast langsamer. Bald sind wir dann nur noch im Reaktionsmodus und müssen unsere meiste Zeit und Kraft dazu verwenden, die Schäden zu flicken, die das Unvorhergesehene verursacht hat. Die Beschleunigung hat uns überfahren. Kennen wir hingegen die Zukunft, können wir unsere Ressourcen optimieren und uns bereits heute zielbewusst darauf vorbereiten, was morgen sein wird.

Um diese Fähigkeit des mentalen Vorspringens zu entwickeln, müssen wir uns mit unseren persönlichen Werten auseinandersetzen. Da die Werte das "gute Leben" definieren, etwas wonach jeder Mensch strebt, sind sie auch der Schlüssel zur Zukunft. Die Werte hatten, haben und werden immer die gleiche unantastbare Gültigkeit haben. Daher geben unsere Werte uns einen eindeutigen Hinweis, in welcher Richtung sich die Menschheit entwickelt. Die Werte lassen uns an der Urweisheit teilhaben, ein Wissen das eine universelle Gültigkeit und sich von Zeit und Raum befreit hat. Die persönlichen Werte geben ihrerseits Aufschluss darüber, was unsere Rolle und Aufgabe in dem gemeinsamen Streben nach dem "gutem Leben" ist. Somit können wir uns selbst in die generelle Entwicklung einordnen und einen klaren, persönlichen Standpunkt einnehmen.

- Der Vorsprung gegenüber der beschleunigten Entwicklung des Alltags kann durch einen gedanklichen Sprung in die eigene Zukunft erreicht werden. Bei diesem gedanklichen Loslösen aus der Gegenwart und der Vorwärtsbewegung in die Zukunft dienen die persönlichen Werte als wichtiger Orientierungsrahmen. Denn aus den persönlichen Werten können Sinninhalte, Ziele und damit Prioritäten für die eigene Entwicklung innerhalb einer dynamischen Zukunft abgeleitet werden. Dies reduziert gleichzeitig auch das sub-

Teil 1: Führen an der Spitze - Bericht Nr. 3

> jektive Unsicherheitsgefühl gegenüber der Zukunft und damit auch die Verzettelung und Vergeudung.
>
> - Darum: Lieber einen großen Sprung vorwärts tätigen, statt immer schneller dem beschleunigten Geschehen nachsprinten zu müssen – um dann am Ende doch noch überrollt zu werden. Der Schlüssel für eine erfolgreiche Bewältigung der Beschleunigung liegt also in einer verstärkten mentalen Arbeit und in der Auseinandersetzung mit den eigenen Werten als Basis für die eigene Entwicklung.

Individualisierung

Das definitive Ende des Industriezeitalters ist in Sicht. Die meisten der interviewten Top-Führungskräfte haben dieses Thema angesprochen. Bereits in zehn Jahren, so glaubt man, dürften Industrieunternehmen nur noch fünf bis zehn Prozent unserer Wirtschaft ausmachen. Abgelöst werden sie von Dienstleistungsunternehmen und Wissensunternehmen. Diese Unternehmen verlangen jedoch einen ganz anderen Führungsstil. Mitarbeiter dürfen nicht mehr als Produktions- oder Kostenfaktor betrachtet werden. Diese Massenbetrachtung ist dem Menschen nicht länger würdig. Verlangt wird das Respektieren des Individuums. Als sogenannter "Potentialträger" gehört der Mitarbeiter nicht länger auf ein Aufwandkonto, sondern ist als Aktivposten zu verbuchen. Die wichtigste Führungsaufgabe wird sein, ihm die Möglichkeit zu geben, seine Potentiale zu entwickeln – mit dem Ziel, seine Kreativität voll auszuschöpfen und seine Produktivität zu maximieren. Doch dies verlangt von der Führungskraft, dass sie auf jeden Mitarbeiter individuell eingeht und sich als persönlichen Coach des Mitarbeiters sieht. Sie muss folgende **Voraussetzungen** schaffen:

- **Der Mitarbeiter kann den Sinn und die Bedeutung seiner Aufgabe erkennen.**
- **Der Mitarbeiter kann sich selbst führen.**
- **Der Mitarbeiter muss ständig dazulernen.**

Die Entdeckung der persönlichen Werte

Die Ablösung der Industrie durch den tertiären Sektor als wichtigsten Wirtschaftsbereich ist bereits voll im Gange und somit keine neue Erscheinung. Aber der dazugehörende Führungsstil hat sich nicht in gleichem Maße entwickelt. Die alte Kultur hat sich festgebissen und scheint nicht weichen zu wollen. Wie üblich sind die mentalen Prozesse träge. Wir denken immer noch in Hierarchien. Wo wir uns im Organigramm wiederfinden und an wen wir rapportieren, ist eine klare Aussage über unseren Status im Unternehmen. Der industrielle Führungsstil ist patriarchalisch: väterlich und entmündigend. Der Vorgesetzte glaubt, es gehöre zu seiner Rolle, alles besser zu wissen und zu können. Die ständige Demonstration, dass man als Vorgesetzter besser sein muss als der Mitarbeiter, gehört zum Markenzeichen des industriellen Führungsstils. Sie ist auch der Hauptgrund, warum es oft bei Mitarbeitern an Engagement und Motivation fehlt.

Wer schon einmal in den Genuss des industriellen Führungsstils gekommen ist, hat mit Sicherheit am eigenen Leibe erlebt, wie schwierig es ist, Engagement zu entwickeln und selbständig zu arbeiten. Angst ist oft das vorherrschende Gefühl, denn Fehler dürfen nicht gemacht werden. Und wenn es trotzdem passiert, dann werden Köpfe gewaschen - oder sie rollen. Wer zu viel Initiative zeigt, wird zurückgepfiffen. Man wird erzogen, sich ständig beim Vorgesetzten abzusichern. Alles läuft über seinen Tisch. Weil es immer einen Boss gibt, der alles besser weiß, braucht man auch nicht selbst zu denken oder Stellung zu beziehen. Die Mitarbeiter werden zu folgsamen Werkzeugen, zu Jasagern, die nicht viel mehr tun, als man ihnen befiehlt. Viel menschliches Potential, viel Kreativität und Engagement gehen auf diese Weise verloren.

Damit sich eine Führung, die Mitarbeiter ermächtigt statt entmündigt, etablieren kann, muss sich das heute herrschende Menschenbild wandeln. Denken wir beispielsweise, dass der Mensch faul ist und von Natur aus unmotiviert? Dass es ihm nur ums Vergnügen und um Eigennutz geht? Dann muss man ihn ständig schubsen und ziehen. Vielleicht sogar mit Zukkerbrot locken und mit Peitsche drohen. Oder denken wir, dass der Mensch von Natur aus Gutes tun, sich einsetzen, selbständig handeln und produktiv sein will? Und dass der Mensch sich entwickeln will, reifer und weiser werden möchte? Eines ist sicher: Es besteht kein Zweifel darüber, welches Menschenbild wir bevorzugen.

Teil 1: Führen an der Spitze - Bericht Nr. 3

Um diesen für die Zukunft notwendigen Wandel des Menschenbildes zu vollziehen, müssen Menschen sich mit ihren Werten auseinandersetzen. Es geht hier nicht um die Abschaffung alter und die Aneignung neuer Werte. Es geht vielmehr um das Bewusstmachen und die Verdeutlichung von Werten, die jeder Mensch in seinem Herzen trägt. Solche Werte sind Ehrlichkeit, Liebe, Respekt, Vertrauen, Toleranz, Versöhnung, Freude – um nur einige zu nennen. Das Problem ist also nicht, dass die richtigen Werte nicht vorhanden wären, um das Menschenbild im obigen Sinne zu wandeln. Das Problem liegt einzig und allein darin, dass diese Werte zu wenig bewusst sind, und daher nicht gelebt werden. Deshalb wird es eine wichtige zukünftige Anforderung sein, dass Menschen – insbesondere Führungskräfte – sich mit ihren Werten befassen und auf diese Weise einen persönlichen Entwicklungsprozess vollziehen. Bis heute haben wir uns zu wenig mit den persönlichen Werten befasst und dies, obwohl sie der entscheidende Schlüssel für das Wesentliche im Leben sind: Sinn, innere Motivation, Zufriedenheit, Freude und persönliche Integrität.

Das Streben des Individuums nach Entwicklung führt automatisch zum Wunsch nach mehr Freiheit und Selbständigkeit. Und jeder Mensch hat einen Entwicklungstrieb. Diese Tatsache sollte die Unternehmensführung als ein Potential und eine Ressource betrachten. Denn selbständige Mitarbeiter sind produktiver und erzielen bessere Resultate als Mitarbeiter, die tendenziell nur das machen, was man ihnen vorschreibt. Und wie die Geschichte der Mitarbeiterführung eindeutig zeigt, geht der allgemeine Trend in Richtung immer größer werdender Frei- und Entscheidungsräume für die Mitarbeiter.

Vereinfacht könnte man sagen, dass die Entwicklung der Führung im Zeitalter der Sklaverei ihren Anfang nahm. Der Herr "motivierte" durch Drohen mit harten Strafen und schrieb genau vor, was zu tun war. Im Laufe der Zeit haben jedoch die Untergebenen eine immer größere Selbständigkeit, Verantwortung und Freiheit erlangt. Heute spricht man nicht von Untergebenen, sondern von Mitarbeitern. Irgendwann wird auch dieser Begriff überholt sein. Vielleicht heißt es dann einfach "Mitmensch" oder "Partner".

Die Führung von heute basiert weitgehend auf der Zielorientierung. Die Methode "Management by Objectives" ist das Flaggschiff dieses Ansatzes. Während von der Führung nur festgelegt wird, welche Ziele erreicht werden müssen, erhalten die Mitarbeiter eine große Frei-

Die Entdeckung der persönlichen Werte

heit, das Vorgehen zum Erreichen der gewünschten Ergebnisse selbst zu bestimmen. Noch moderner ist die gemeinsame Zielvereinbarung, wo der Mitarbeiter bereits bei der Festlegung der Ziele mitbestimmen kann.

Die höchste anzustrebende Entwicklungsstufe wird das Führen auf der Basis von Werten sein, denn Werte sind den Zielen übergeordnet. Sie sind die "Eltern" der Ziele. Werte geben einen größeren Rahmen als Ziele und somit mehr Freiheit für den Einzelnen. Die Führung auf der Basis von Werten bedeutet somit, dass wir von einer höheren Ebene ausgehen und noch mehr Raum für selbständiges Denken und Handeln bieten können. In Zukunft kann der Mitarbeiter seine Ziele selbst setzen. Es ergeben sich dabei folgende zwei Effekte:

- Erhöhtes Engagement und stärkere innere Motivation.

- Die Mitarbeiter werden zu ihren eigenen Vorgesetzten.

Die richtigen Ziele werden zu etwas Selbstverständlichem, und das Interesse, sie zu erreichen, ist bei den Mitarbeitern gleich groß wie bei der Unternehmensleitung. Dies bringt eine große Entlastung für die Vorgesetzten und eine Effektivitätssteigerung der Führung. Der Vorgesetzte braucht nicht mehr immer vorauszueilen, andere mitzuziehen oder Druck auszuüben. Deshalb kann man den Führungsstil der Zukunft als die "unsichtbare Führung" bezeichnen.

Konklusionen

Auf die Frage nach dem Weg, den die Entwicklung der Unternehmensführung nehmen muss, um die anstehenden Herausforderungen erfolgreich zu meistern, erhalten wir bei allen drei Trends – Verflüssigung, Beschleunigung und Individualisierung – die gleiche Antwort: die Differenzierung von Werten wie auch deren Implementierung.

Die drei Trends existieren nicht unabhängig voneinander, sondern verstärken sich gegenseitig. Die Verflüssigung beruht auf der Auflösung von Grenzen auf fast allen Ebenen: räumlich, zeitlich, wirtschaftlich, gesellschaftlich, technologisch. Damit werden Hindernisse abgebaut, was die Beschleunigung ermöglicht. Es gibt immer weniger Hürden, welche die Entwicklung bremsen könnten. Der dritte Trend, Individualisierung, ist die notwendige Reaktion auf die Herausforderung, die die zunehmende Auflösung von Grenzen und Geschwindigkeit beinhalten. Die Individualisierung bedeutet aber auch eine weitere Fragmentierung, eine Aufteilung in Einzelteile, was wiederum den Trend zur Verflüssigung verstärkt. Dadurch entsteht eine gewaltige Entwicklungsspirale. Um sie zu beherrschen und in gewünschten Bahnen zu lenken, braucht es einen starken Rahmen. Diese notwendige Abgrenzung können uns die Werte liefern.

Natürlich gibt es andere Faktoren, die auch in der Zukunft wichtig sein werden. Dazu gehören Fachwissen, technisches Know-how, hohe Produktivität, Qualität, Innovationskraft und gute Strategien. Wer aber glaubt, diese Faktoren seien für die Konkurrenzfähigkeit und für die Frage nach den zukünftigen wirtschaftlichen Gewinnern wichtiger als Werte, der täuscht sich. Das einzige, was längerfristig für die wirtschaftliche Entwicklung wirklich entscheidend ist, ist die Fähigkeit, das Humankapital richtig zu entwickeln. Hinzu kommt: Wenn es einem Unternehmen gelingt, die besten Mitarbeiter am Markt an sich zu ziehen bzw. selber zu entwickeln, dann wird es nicht mehr schwer sein, eine Führungsposition in den Bereichen Fachwissen, technisches Know-how, hohe Produktivität, Qualität, Innovationskraft und gute Strategien zu erlangen. Die Attraktivität des Arbeitgebers hängt vor allem von den gelebten Orga-

Die Entdeckung der persönlichen Werte

nisationswerten ab. Mit anderen Worten: Jene Unternehmen, welche die beste Kultur und den besten Nährboden für ein selbständiges Denken und Handeln bereitstellen, werden die besten Mitarbeiter und die besten Erfolgschancen haben.

Zusammenfassend können wir den Ansatz mit den persönlichen Werten wie folgt beurteilen:

- Attraktiv ist, daß man zwei Fliegen mit einer Klappe schlägt: die Entwicklung der Persönlichkeit wie auch die Schaffung einer Wertegemeinschaft. Beides sind, gemäß Schwedens Top-Führungskräften, die wichtigsten Komponenten einer guten Führung.

- Das Bewusstsein um die Subjektivität des eigenen Standpunktes macht den Menschen toleranter und aufgeschlossenerer. Zudem erkennt das Individuum seinen bescheidenen Anteil an einem viel größeren System. Dies macht es leichter, die globalen Zusammenhänge zu erkennen und ganzheitlich zu denken.

- In einem System, das keine äußeren Grenzen oder Orientierungspunkte aufweist, braucht es einen Kompass, sprich persönliche Werte. Sie geben uns sowohl einen Standpunkt wie auch Orientierungspunkte. Wir erkennen, wie wir unsere eigenen Potentiale am besten entwickeln können – und auch die von anderen.

- Die Abstützung auf unsere persönlichen Werte macht uns autonomer und das System effektiver, weil der Führungsaufwand sinkt. Die damit verbundene Freiheit und Selbstverantwortung macht nicht nur die Organisation effektiver, sondern bringt dem Mitarbeiter ein Mehr an innerer Motivation, Zufriedenheit und Freude.

Teil 1: FÜHREN AN DER SPITZE – BERICHT NR. 3

Wie weiter?

Die Entscheidung, Werte im Unternehmen zu implementieren, ist heute aktueller denn je. Sie muss aber als ein Prozess mit langfristigem Engagement angegangen werden, mit dem Ziel, eine Unternehmenskultur zu schaffen, die tatsächlich von allen Mitarbeitern von innen heraus getragen wird. Die positiven Effekte solcher Anstrengungen sind bereits heute in verschiedenen Untersuchungen nachweisbar.

In einer vierjährigen Studie über ca. 200 Unternehmen haben Kotter und Heskett[2] u.a. folgende Effekte bei Unternehmen mit einer ausgeprägten Wertegemeinschaft – im Vergleich mit Unternehmen, die dieses Kriterium nicht erfüllten – festgestellt:

- Der Umsatz wuchs mehr als viermal schneller.
- Die Arbeitsplatzbeschaffung war siebenmal höher.
- Der Aktienwert nahm zwölfmal schneller zu.
- Der Gewinn war 750 Prozent höher.

Kouzes und Posner[3], die Untersuchungen sowohl in Europa als auch in den USA durchführten, bestätigen unseren Ansatz mit den persönlichen Werten. Sie haben bewiesen, dass das bloße Klarstellen von Unternehmenswerten keinen Effekt auf das Engagement der Mitarbeiter hat. **Erst die Arbeit mit den persönlichen Werten erzeugt eine erhebliche Steigerung des Engagements.** Ihre Grundbotschaft ist, dass die zukünftige Herausforderung für die Unternehmensführung im glaubhaften Vorleben von Werten liegt.

---

[2] J.P. Kotter, J.L. Heskett, Corporate Culture and Performance, 1992
[3] J.M. Kouzes, B.Z. Posner, The Leadership Challenge, 1995

Die Entdeckung der persönlichen Werte

The individuals' commitment to their organization on a scale 1 to 7

Quelle: J.M. Kouzes, B.Z. Posner, The Leadership Challenge, 1995

	Low	High
High Clarity of organizational values	4.87	6.26
Low	4.90	6.12

Clarity of personal values

Eine ähnliche Ansicht vertritt Eric L. Harvey, der in seinem Buch "Walk The Talk ... And Get The Results you Want" aufzeigt, dass die meisten Organisationen Leitbilder, Visionen, Missionen, Credos oder Ähnliches schriftlich fixiert haben. Somit sind auch die Organisationswerte in irgendeiner Form definiert. Dies dokumentiert, dass es überall den Willen gibt, das Gute zu praktizieren. Das Problem ist, dass es der Unternehmensführung nicht gelingt, diese Ambition auch umzusetzen. In der Schweiz haben fast 80 % der Unternehmen ein Leitbild, aber in über 80 % der Fälle wird das Leitbild nicht gelebt. In seinen verschiedenen Publikationen bringt Harvey immer wieder die gleiche Botschaft: Es reicht nicht, Werte zu definieren, sie müssen vor allem gelebt werden.

Richard Barrett[4], ein ehemaliger Wertekoordinator der Weltbank, kämpft ebenfalls für das Prinzip der Kongruenz zwischen Gesagtem und Getanem. Aber er betont vor allem die Wich-

---

[4] R. Barrett, Liberating the Corporate Soul, 1998

tigkeit der richtigen Auswahl der Werte. Die Unternehmen müssen den Schritt in die oberste Stufe der Maslowschen Bedürfnispyramide schaffen – die Stufe der Selbstentfaltung – und ihre Unternehmenskultur auf Werten aufbauen, die vor allem dem Wohl der Gesellschaft dienen. Der Weg dorthin ist aber nicht mit den normalen Veränderungsmethoden zu erreichen, sondern nur durch eine Transformation, also durch das Erlangen eines höheren Bewusstseins – eben durch die Auseinandersetzung mit sich selbst und den eigenen Werten.

Ausgehend von den gebrachten Überlegungen und Erkenntnissen zeigt sich, dass die Führungspraxis zwei wichtige Entwicklungsschritte vollziehen muss. Der erste ist die Entdeckun der persönlichen Werte als ein zentrales Führungsinstrument. Der zweite Schritt – als Folge des ersten - ist die Entwicklung und Ausarbeitung von Ansätzen und Methoden, die die Führungskräfte und Mitarbeiter gezielt darin unterstützen, die persönlichen Werte zu differenzieren. Erste Ansätze finden wir bereits in verschiedenen Coaching-Konzepten. Aber: Bei der Differenzierung der persönlichen Werte ist die Trainerrolle des Coachs weniger gefragt, denn diese Rolle ist zu aktiv und beinhaltet oft den Anspruch, dass der Coach das Trainingsprogramm festlegt. Bei der Differenzierung von persönlichen Werten ist die Selbstreflexion das wichtigste Element – das In-sich-Hineinhören. Daher ist die Aufgabe des Coachs, als Spiegel zu funktionieren. Der Gecoachte behält zu jedem Zeitpunkt die Initiative und bestimmt Richtung und Inhalt des Gesprächs.

Der Entscheid, Werte in einem Unternehmen zu implementieren, sollte gut überlegt sein. Für den Erfolg ist absolut entscheidend, dass der Prozess richtig durchgeführt wird. Es bedeutet auch eine erhebliche Zeitinvestition. Trotzdem sollte die Unternehmensführung nicht davor zurückschrecken, erste Gehversuche zu unternehmen. Wir stoßen hier auf Neuland und die Organisationen, die hierher als erste vordringen, werden allen anderen gegenüber einen unaufholbaren Vorteil erzielen. Also eine Investition, die sich im Endeffekt um ein Vielfaches auszahlt.

Die Entdeckung der persönlichen Werte

Wir empfehlen, folgende Veränderungsprozesse mit dem Werteansatz zu koppeln:

- Vorbereitung einer neuen Führungsgeneration auf die Führungsübernahme

- Zusammenlegung von Unternehmen mit verschiedenen Kulturen

- Aktivierung der Unternehmenskultur

- Große Umstrukturierungen

- Bewältigung von Krisensituationen

- Ausrichtung auf ein neues strategisches Geschäftsfeld

- Verbesserung der Zusammenarbeit

- Steigerung von Motivation und Engagement

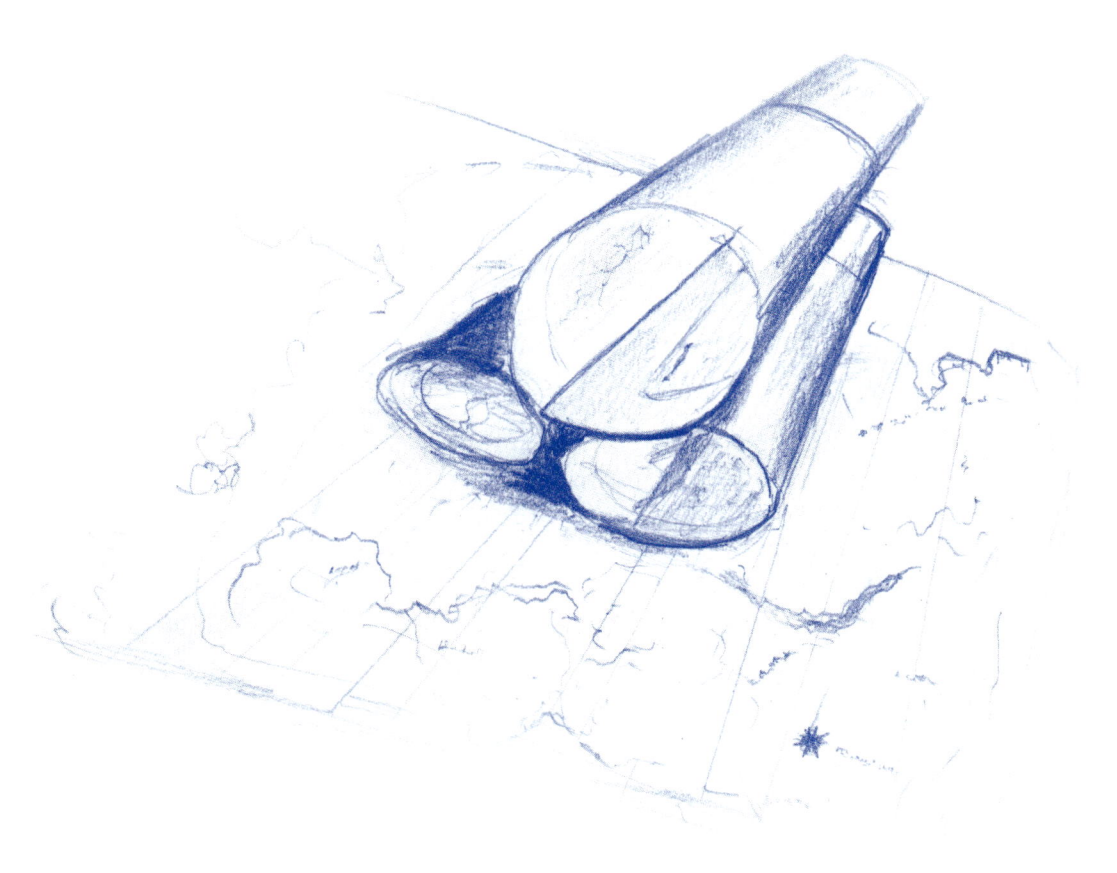

Teil 2:

"Man muss sich Zeit nehmen zum Nachdenken."

Interview mit Sören Gyll

Teil 2 "Man muss sich Zeit nehmen zum Nachdenken."
Interview mit Sören Gyll

Unsere Gespräche mit den Topführungskräften Schwedens waren äußerst interessant und haben uns ein sehr positives Bild von den Leuten gezeigt, die den größten Einfluss auf das Wohlergehen eines Landes haben. Einer der Unternehmensführer, die sich in besonderer Weise durch Klarheit, Klugheit und Einsicht auszeichnen, ist Sören Gyll. Aus diesem Grund möchten wir hier das Interview mit ihm wiedergeben.

Doch zuerst wollen wir Sören Gyll kurz vorstellen:

Geboren:	1940
Familie:	Ehefrau Lilly und drei Kinder
Schönster Job:	Die Schaffung von Procordia
Wichtigster Entscheid:	Das Nein zu der Fusion zwischen Volvo und Renault
Größter Fehler:	Schwer zu gewichten
Mag am liebsten:	Jagd und das Leben in der freien Natur
Mag am wenigsten:	Neid, Geiz und Intoleranz
Aufträge heute:	Aufsichtsratsvorsitzender Pharmacia & Upjohn, Aufsichtsratsmitglied AB Volvo, SKF AB, AB Skanska, SCA, Oresa Ventures S.A., Vizevorsitzender des Industrieverbandes Schweden, Mitglied IVA
Pläne für die Zukunft:	Angenehmer Mix zwischen Arbeit und Freizeit

Teil 2: INTERVIEW MIT SÖREN GYLL

Das Interview

Wie sieht eine gute Führung aus?

Über diese Frage könnten wir uns den ganzen Rest des Tages unterhalten. Führung hat etwas mit dem Erreichen von Ergebnissen zu tun; damit, etwas mit bestimmten Ressourcen zu erzielen. Die Voraussetzungen sind immer wieder anders. Führung beinhaltet viele verschiedene Dimensionen. Deshalb gibt es auch keine eindeutigen Antworten auf Ihre Frage. Ob eine Führung gut ist oder nicht, hängt vor allem von der Situation ab. So kann eine bestimmte Führungsperson in einem Zusammenhang sehr erfolgreich sein, während sie in einem anderen Zusammenhang völlig versagt. Über die Führung lassen sich beliebig viele Bücher schreiben, eine Patentlösung wird es jedoch nie geben.

Heißt das, dass Sie nichts von all den angebotenen Managementkonzepten halten?

Ich halte nichts von Rezeptbüchern auf diesem Gebiet. Amerikanische Gurus, die über Leadership schreiben, stützen sich oft nur auf Verallgemeinerungen, die auf den Leistungen anderer basieren. Nur selten sind sie selbst auch erfolgreiche Führungskräfte gewesen.

Geht es also darum, die richtige Person am richtigen Ort zu haben?

Ja, aber noch um mehr als das. Es geht nicht nur darum, dass die betreffende Person die Situation richtig einschätzt und die Ressourcen richtig zuteilt. Ebenso wichtig ist ihre Persönlichkeit. Wie sie auftritt, kommuniziert und handelt. Meine Grundthese lautet, dass eine gute Führungsperson ein ganzer Mensch sein muss. Ich habe so viele kaputte Menschen gesehen, und sie halten nie längere Zeit durch. Sie mögen intelligent, tüchtig und in vielem gut sein. Wenn aber die Basis fehlt, dann kommt es nicht gut heraus.

DIE ENTDECKUNG DER PERSÖNLICHEN WERTE

Es geht also darum, wie eine Führungsperson als Mensch ist. Das haben wir auch in anderen Interviews zu hören bekommen. Fast alle Führungskräfte sagen, die Persönlichkeit sei die wichtigste Führungskompetenz – wichtiger als Erfahrung, Wissen und Fähigkeiten. Wie kommt es, dass man nicht mehr in die Persönlichkeitsentwicklung der Führungskräfte investiert?

Man weiß nicht, wie man es anpacken soll. Es gibt zu wenig Wissen auf diesem Gebiet, jedenfalls innerhalb der Wirtschaft. Außerdem besteht ein gewisser Widerstand gegen das Eingreifen in die Persönlichkeit eines Menschen. Es geht einem zu nahe. Ich selbst finde es unerhört spannend, etwas über mich selbst zu erfahren. Dabei lernen wir auch zu verstehen, wie andere funktionieren. Allerdings sind wir alle unterschiedlich, und das ist sehr wichtig. Wenn uns das nicht klar ist, bekommen wir Schwierigkeiten mit allen, die anders sind. Das führt dann dazu, dass wir Konflikte verursachen, schlechter zusammenarbeiten und schlechter kommunizieren. Es ist nicht schwer zu verstehen, dass der, der das Wagnis eingeht sich als Mensch zu entfalten, bessere Voraussetzungen besitzt, um eine gute Führungsperson zu werden.

Wie entwickelt man eine gute Führungspersönlichkeit?

Die Persönlichkeit hat viel mit der Kindheit und Jugend zu tun, wenn man sich dort geborgen fühlte. Man muss sich aber auch Zeit nehmen, um nachzudenken und einige Fragen zu beantworten: Was motiviert mich? Was hält mich in Schwung? Was finde ich wichtig? Welche Werte habe ich? Viele Menschen gehen durchs Leben, ohne zu reflektieren, bis sie fünfzig oder sechzig sind. Wenn dann etwas völlig Unerwartetes in der Familie oder am Arbeitsplatz eintritt, ist das Erwachen besonders hart. Wer es nie gewohnt war nachzudenken, ist dann unvorbereitet und verliert das Gleichgewicht.

Selbsterkenntnis ist unerhört wichtig. Ich mache oft Halt und sitze einfach eine ganze Weile still und für mich allein da und denke nach. Ebenso wichtig ist es, zuhören zu können. Ich brauche kein ständiges Rauschen um mich herum – Fernseher, Radio, Musik oder anderes, was vom Denken ablenkt. Ich weiß, wo ich stehe, welche Werte ich habe. Das hat mein

Teil 2: Interview mit Sören Gyll

Selbstwertgefühl gestärkt und gibt mir die Kraft und den Mut, um das zu tun, wovon ich überzeugt bin.

Wissen Sie auch, was Ihnen Sinn gibt? Wenn man das tut, was für einen sinnvoll ist, hat man nie Probleme mit der Motivation – ist das der Zusammenhang?

Durchaus. Computer können ja nicht spüren, was sinnvoll ist, aber Menschen besitzen diese Fähigkeit und sollten sie nutzen. Das erfordert jedoch Zeit – Sie müssen sich hinsetzen und darüber nachdenken, ob Sie Ihre persönlichen Ressourcen richtig einsetzen. Wenn Sie nur von morgens früh bis abends spät "auf Draht" sind, haben Sie nie Zeit, um nachzudenken. Das ist auf die Dauer nicht gut. So lässt sich keine effiziente Führung aufbauen. Wenn ich ein paar Tage frei nehme oder Urlaub mache, dann "macht es oft Klick". Ich habe viel mehr davon, aufs Land hinauszufahren und drei Stunden lang einfach dazusitzen und in die Luft zu starren, als bei einer sogenannt produktiven Arbeit voll engagiert zu sein.

Können wir unsere Werte und unsere innere Motivation finden, indem wir nur selbst reflektieren? Benötigen wir nicht auch die Hilfe und Unterstützung anderer?

Das Faszinierende an uns Menschen ist, dass wir alle Antworten in uns tragen. Eigentlich benötigen wir keine Rezepte anderer. Natürlich kann ein Mentor nützlich sein, aber die Aufgabe des Mentors besteht eigentlich nicht darin, etwas Neues aufzutischen, sondern uns zu helfen, das bereits Vorhandene zutage zu fördern. Die wichtigste Eigenschaft des Mentors besteht im Zuhörenkönnen. Es geht nicht darum, Ratschläge zu erteilen. Das gilt auch für uns selbst. Wichtig ist, dass wir lernen, auf unsere Gefühle und auf die Signale unseres Körpers zu hören. Der Körper weiß jeweils, was nicht stimmt, und wenn wir seine Signale wahrnehmen, verstehen wir auch, was wir ändern müssen. Wir tragen ein riesiges Potential in uns, wenn wir nur bereit sind, es zu entdecken. Damit befassen wir uns viel zu wenig. Deshalb gibt es auch so wenige Menschen, die wirklich motiviert sind. Man braucht sich nur in einem

Die Entdeckung der persönlichen Werte

Unternehmen oder Büro umzusehen. Viele sehen ihre Arbeit als ein notwendiges Übel zur Sicherung ihrer Existenz. Deshalb lassen sie auch ihr Ich zu Hause, wenn sie zur Arbeit gehen.

Das mag vielleicht vor vierzig oder fünfzig Jahren adäquat gewesen sein. Zum Glück wachsen aber neue Generationen mit völlig anderen Werten heran. Die, die heute jung sind, wollen nach ihren eigenen Vorstellungen leben. Sie wünschen sich Herausforderungen und wollen sich entfalten. Sie suchen ihre Geborgenheit nicht in einem sicheren Arbeitsplatz, sondern indem sie ihren Wert am Arbeitsmarkt erhöhen. Loyalität und Arbeitsplatzsicherheit sind da von untergeordneter Bedeutung. Motivation und Engagement sind das, was zählt. Die, die in der Gesellschaft das Sagen haben, halten aber immer noch am Alten fest und legen der neuen Entwicklung Hindernisse in den Weg. Da muss sich etwas ändern.

Wenn ich Sie bitten würde, mir zu helfen, damit ich herausfinde, was mir Spaß macht und was mich interessiert, was würden Sie mir dann raten?

Wie bereits gesagt, halte ich nichts von Rezepten. Deshalb würde ich auch keine Ratschläge erteilen. Ich werde von den Leuten oft um Rat gefragt, aber ich lasse mich nicht darauf ein. Ich würde vorschlagen, dass Sie in sich gehen. Ich würde Fragen stellen. Was kennen Sie? Was interessiert Sie? Ich kann niemand anderem sagen, was er tun soll. Jeder muss selbst zu sich finden. Wir alle sind einmalig und haben deshalb unterschiedliche Vorstellungen davon, was uns Spaß bereitet und uns weiterbringt. Wir müssen aufhören, mythische Bilder davon zu kreieren, wie Menschen sein sollen. Wir müssen aufhören, andere nachzuahmen.

Auf unsere Frage, durch welche Eigenschaften sich eine gute Führungsperson auszeichnet, werden oft Eigenschaften aufgezählt, die etwas mit der Persönlichkeit zu tun haben. Die am häufigsten erwähnte Eigenschaft ist die Ehrlichkeit. Lässt sich unsere Ehrlichkeit entwickeln?

Teil 2: INTERVIEW MIT SÖREN GYLL

Ja, meine Erfahrung sagt mir, dass das möglich ist. Aber auch hier wiederum lassen sich kaum Rezepte finden. Es gibt keine absolute Ehrlichkeit. Ich kann die Ehrlichkeit nur als Ziel haben. Oft lässt es sich dann nur schwer ausmachen, ob ich tatsächlich ehrlich bin oder nicht. Viele bluffen, dass es nur so kracht, glauben aber trotzdem, sie seien ehrlich. Wenn eine Führungsperson von sich behauptet, sie sei ehrlich, und andere sehen das nicht so, dann zerbricht oft das Vertrauen in die betreffende Person. Glaubwürdigkeit gewinnt man erst, wenn Worte und Taten übereinstimmen.

Wollen denn nicht alle ehrlich sein?

Doch, sicherlich. Alle versuchen, von ihrem Standpunkt aus ehrlich zu sein. Es gibt viele Führungssituationen, in denen wir eine Situation unterschiedlich einschätzen und an denen es sich zeigt, ob wir unseren Standpunkt wirklich überdacht haben. Dann gilt es, die Frage beantworten zu können: Wie sehe ich dies ausgehend von meinen grundlegenden Werten? Wie verhalte ich mich aus ihrer Perspektive? Und schon sind wir wieder bei dem angelangt, was ich bereits zuvor propagiert habe: der Bedeutung der Reflexion. Diese lässt sich aber nicht auf die Schnelle entwickeln.

Unsere Interviews mit den wichtigsten Führungskräften Schwedens zeigen, dass eine gute Führung unter anderem die Bildung einer fest verankerten Wertegemeinschaft erfordert. Deshalb werden verschiedene Programme aufgestellt, mit denen man Werte einzuführen versucht, die für das Unternehmen von zentraler Bedeutung sind. Wie die Interviews aber gezeigt haben, misslingt dies oft. Worauf beruht das Ihrer Meinung nach?

Es ist wichtig, dass sich so viele Leute wie möglich einbezogen fühlen. Das beginnt schon bei der Auswahl der Werte. Alle müssen das Gefühl haben, dass diese Werte für das Unternehmen stimmen. Dann müssen sie so klar und deutlich sein, dass alle sie im Kopf behalten können. Das ist eine Voraussetzung, damit sie die ganze Zeit diskutiert und vertieft werden können, insbesondere bei wichtigen und konfliktbeladenen Beschlüssen. Man darf nicht ver-

Die Entdeckung der persönlichen Werte

gessen, dass ein solcher Prozess Zeit in Anspruch nimmt. Die Werte müssen permanent präsent sein und vertieft werden.

Welches sind Ihrer Auffassung nach die häufigsten Fehler?

Dass man Werte wählt, die keine Durchschlagskraft haben, da sie beispielsweise zu allgemein gefasst oder zu schlagworthaft sind, oder dass die Liste der Werte zu lang ist. Zehn Schlüsselwerte kann man nicht vermitteln. Es sollten höchstens drei sein. Weiter vergißt die Unternehmensleitung oft, dass sie selbst die ganze Zeit involviert sein muss. Es geht nicht an, nur ein paar Anläufe zu nehmen und zu glauben, das reiche dann. Die Werte erhalten nie die nötige Durchschlagskraft, wenn die höchste Leitung nicht zeigt, dass sie sie ernst nimmt. Die Leitung muss als Vorbild dienen, indem sie ständig daran arbeitet, den Werten nachzuleben. Dabei geht es nicht um Worte, sondern um Taten. Wenn man die Werte nur nach außen hin kommuniziert, kann man seine Glaubwürdigkeit vergessen.

Wir erleben heute eine Welle von Fusionen und Übernahmen. Firmen mit unterschiedlichen Wertesystemen schließen sich zusammen. Der Kulturschock ist oft erheblich, und interne Auseinandersetzungen führen dazu, dass man sowohl die besten Mitarbeiter als auch die wichtigsten Kunden verliert. Wie lässt sich das verhindern?

Grundlegend ist, dass das Wertesystem eines Unternehmens die Führung übernehmen und den Weg weisen sollte. Das muss klar und deutlich vermittelt werden. Ein langwieriger und aufwändiger Machtkampf lässt sich nur vermeiden, wenn feststeht, welche Kultur das Sagen hat. Die andere Seite hat dann gleich von Anfang an die Wahl, sich entweder anzupassen oder zu gehen. Vor allem die ewigen Reibereien bewegen die Leute zum Verlassen des Unternehmens. Eine andere Möglichkeit ist die Bildung einer völlig neuen Leitung, die ein neues Wertesystem aufstellt. Dabei gilt es jedoch aufzupassen, dass das neue System nicht einfach zu einer Mischung der alten Systeme wird. Meiner Ansicht nach lassen sich zwei Unternehmenskulturen nicht mischen. Sonst geht die Klarheit verloren. Bei Fusionen ist es unerhört

Teil 2: Interview mit Sören Gyll

wichtig, dass die Leitung sich dessen bewusst ist. Der Misserfolg von Fusionen und Übernahmen beruht oft darauf, dass die Leitung schwach ist und es ihr nicht gelingt, ein starkes Wertesystem aufzustellen.

Ein Unternehmen besitzt eine Reihe von Werten, die einzelne Person eine andere. Diese sind ja in der Regel nicht identisch. Trotzdem spielen beide eine wesentliche Rolle für die Führung. Wie hängen die beiden zusammen?

Wenn eine Führungsperson nie darüber nachgedacht hat, welche persönlichen Werte sie besitzt und wie sie zu realisieren sind, hat sie Schwierigkeiten, zu verstehen, wie der Prozess durchzuführen ist, wenn es um die Werte des Unternehmens geht. Es ist wichtig, dass die Mitarbeiter mit ihren eigenen Werten an die Werte des Unternehmens anknüpfen können. Zwischen den Werten können Konflikte bestehen, und dann gilt es, über die Konsequenzen nachzudenken. Das ist jedoch eher selten das Problem. Wichtiger ist, dass alle – von ihren eigenen Werten ausgehend – sich Gedanken darüber machen, wie sie den Werten, die sich das Unternehmen zum Ziel setzt, entsprechen wollen. Genau in diesem Prozess entwickeln die Mitarbeiter ein Gefühl der Zugehörigkeit. Das Schwierige ist, alle mitzureißen, und das kann nur gelingen, wenn alle die vom Unternehmen angestrebten Werte als etwas Positives betrachten können. Nichts ist stärker, als wenn wir spüren, dass das, was wir tun, auch für uns selbst wichtig ist.

Könnte man das so zusammenfassen, dass die Arbeit des Einzelnen an seinen Werten dazu führt, dass er zwei Fliegen mit einer Klappe schlägt: Mit dieser Arbeit wird die persönliche Führung entwickelt, gleichzeitig wie es dadurch leichter wird, die Werte des Unternehmens zu implementieren?

Ja.

DIE ENTDECKUNG DER PERSÖNLICHEN WERTE

Welche allgemeinen Trends erwarten Sie in den nächsten zehn Jahren? Welche Anforderungen werden in Zukunft an die Führung gestellt werden?

An erster Stelle steht die Globalisierung, die sich vor allem dadurch auszeichnet, dass die Grenzen fallen. Heute haben wir immer noch schwerfällige Unternehmen mit Hierarchien und militärischen Strukturen. Diese Unternehmensformen eignen sich vor allem für die Produktionsindustrie. Dienstleistungs- und Wissensunternehmen können keine so steifen Formen brauchen. Sie müssen vor allem flexibel sein und sich rasch der Entwicklung anpassen können. Das erreicht man beispielsweise durch Netzwerke oder virtuelle Unternehmensformen. Um die verschiedenen Einheiten miteinander zu verknüpfen, ist es wichtig, dass eine Führungsperson die Fähigkeit besitzt, Beziehungen aufzubauen und zu pflegen. Dabei wird die Persönlichkeit eine immer größere Rolle spielen.

Das sehen wir auch an anderen Entwicklungstendenzen, beispielsweise an der ständig zunehmenden Geschwindigkeit. Um damit fertig zu werden, ist es wichtig, dass wir Geborgenheit in uns selbst verspüren. Menschen müssen sich wohl fühlen. Dazu müssen wir die Langsamkeit als Gegenpol zur Geschwindigkeit pflegen.

Hinzu kommt, wie gesagt, dass jüngere Mitarbeiter größere Ansprüche daran stellen, dass die Arbeit sie weiterentwickelt. Um gute Mitarbeiter zu finden, müssen Unternehmen in zunehmendem Maße sowohl Sinn als auch Herausforderungen bieten können. Das erfordert eine Führung, die statt des Produktionskapitals das Humankapital in den Mittelpunkt stellt.

Stockholm, den 4. Mai 1999

Stefan Boëthius/Martin Ehdin

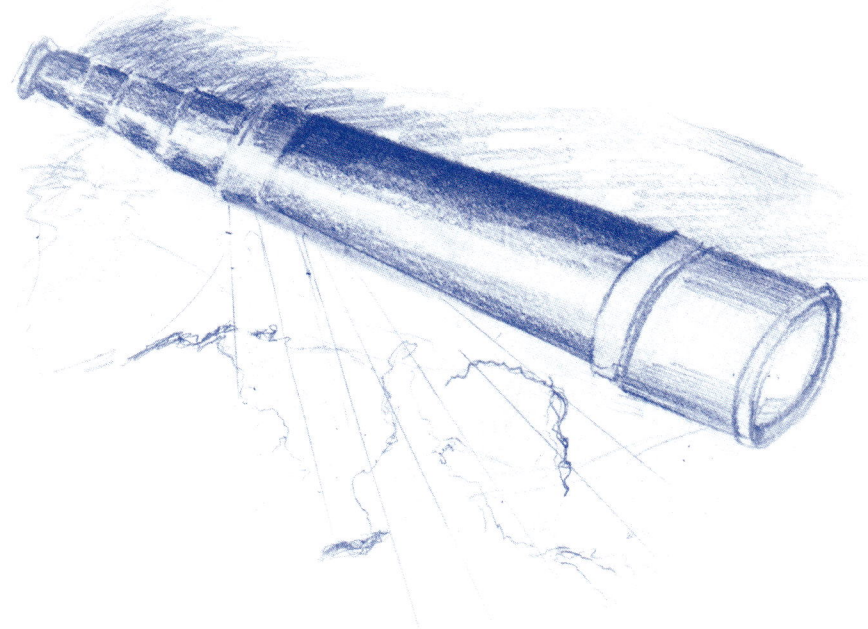

Teil 3:

Der Wertewandel

- DIE UNZUFRIEDENHEIT
- VERSIEGENDE WERTEQUELLEN
- DER EINZELNE ODER DIE GEMEINSCHAFT
- AUF SICH SELBST HÖREN
- ALLES IST SUBJEKTIV

DIE ENTDECKUNG DER PERSÖNLICHEN WERTE

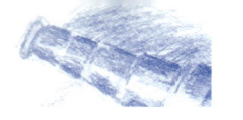

Teil 3 Der Wertewandel

Die Gespräche, die wir mit Schwedens Spitzenführungskräften führten, haben auch viele philosophische und gesellschaftspolitische Fragen tangiert. In diesem Teil haben wir die Meinungen und Gedanken zu diesen Fragen zusammengefasst. Bei den gesellschaftspolitischen Fragen haben wir eine deutliche Frustration über die heutige Situation feststellen können. Im folgenden Abschnitt haben wir – zur Verdeutlichung etwas überzeichnet – versucht, die allgemeine Unzufriedenheit darzustellen. In den folgenden Abschnitten gehen wir auf die philosophischen Aspekte, die zur Sprache kamen, ein. Wir haben auch unsere eigenen Gedanken mit einfließen lassen.

Die Unzufriedenheit

Sind uns unsere Werte abhanden gekommen? Nehmen wir als Beispiele die "Ehrlichkeit" und "Redlichkeit". Früher brauchte man sein Haus oder Auto nicht abzuschließen. Ein Handschlag galt gleich viel wie ein unterzeichneter Vertrag. Die Menschen waren um ihre Ehre besorgt und hielten Wort. Verlor man etwas, so konnte man, unabhängig vom Wert, davon ausgehen, dass man es zurückerhalten würde. Die gute alte **Ehrlichkeit und Redlichkeit gibt es nicht mehr**. Heute kann man sich nicht mehr darauf verlassen, dass die Leute sich an ihre Abmachungen halten. **Die Menschen mogeln, belügen und betrügen einander**. Wem dies gelingt, ohne dass er erwischt wird, der gilt als geschickt. **Die Kriminalität nimmt ständig zu**. Die Polizei hat überhaupt keine Chance, allen begangenen Verbrechen nachzugehen. Diebstähle, Einbrüche und Beraubungen werden selten aufgeklärt und das Diebesgut meist gar nicht aufgefunden. Kaum jemand könnte heute wohl behaupten, dass Verbrechen sich nicht lohnen würden.

Teil 3: Der Wertewandel

Dieser Wertezerfall zeigt sich besonders deutlich in der Politik und in der Art, wie unsere Gesellschaft funktioniert. So lässt sich heute nur schwer erkennen, wofür sich führende Politiker und politische Parteien eigentlich einsetzen. Die Zeiten, als sie um hohe Ideale und große Ziele kämpften, sind vorbei. Heute verlieren sie sich in praktischen Details und aktuellen, aber im Grunde relativ belanglosen Sachfragen und Debatten. Ihre größte Sorge dient der Frage, wie sie die nächsten Wahlen gewinnen können, um an der Macht zu bleiben.

Da die Parteien sich für keine klaren Werte einsetzen, sind sie schwer voneinander zu unterscheiden. Es fehlt ihnen ein eigenes, klares Profil. Hören wir einen Politiker, der sich zu einer Sache äußert, ohne zu wissen, wer es ist, lässt sich oft kaum erraten, welche Partei er vertritt. Gleichzeitig hat das Fehlen der Werte zur Folge, dass die Parteien uns auch keine erstrebenswerte Vision und kein positives Bild der Zukunft vermitteln können. Es fehlt an Ideen, für die sich die Menschen einsetzen und an denen sie sich beteiligen können.

Viele Untersuchungen zeigen, dass die Leute den Politikern nicht mehr trauen. **Nirgends sonst ist die Diskrepanz zwischen Wort und Handlung so augenfällig wie in der Politik**. Deshalb gehen viele davon aus, dass die meisten Politiker unaufrichtig sind. Viele ihrer Aussagen seien nur Lippenbekenntnisse. Die Auffassung, dass Wahrheiten je nach Bedarf verdreht würden, ist weit verbreitet. Die gewählten Volksvertreter sind oft alles andere als Vorbilder, was zahlreiche Enthüllungen und Skandale beweisen. Das führt dazu, dass mehr und mehr Leute das Vertrauen in die heutigen politischen Führer verlieren. Dasselbe gilt natürlich auch für ihre Politik.

In den **Unternehmen und Organisationen** sieht es auch nicht anders aus. Führungskräfte auf höchster Ebene **werden heftiger Kritik ausgesetzt**, weil man der Ansicht ist, ihr Handeln zeuge von einem Mangel an Ethik und Moral. Mit anderen Worten, ihr Handeln verstoße gegen die allgemeinen Werte. **Sexskandale, unerlaubte Preisabsprachen, Veruntreuungen, Steuerhinterziehung, Bestechungen, Geldwäscherei usw.** sind ständig wiederkehrende Themen der Schlagzeilen. Die Wirtschaftskriminalität ist in Zunahme begriffen, und immer mehr Politiker, Minister, Verwaltungsratsmitglieder und Direktoren müssen sich vor Gericht verantworten.

Die Entdeckung der persönlichen Werte

Immer mehr Leute bekunden heute Schwierigkeiten, sich mit der geltenden Wirtschafts- und Sozialpolitik zu identifizieren. Sie finden nicht, dass das System, das da aufgebaut wird, ihren Bedürfnissen und ihrer Lebensart entspricht. So verbreitet sich allgemeine Unzufriedenheit, und die Leute beklagen sich über Haushaltsdefizite, Arbeitslosigkeit, Kriminalität, Mauschelei, Steuerbelastung, Ineffizienz im Gesundheitswesen und zunehmende Umweltprobleme. Immer mehr Leute distanzieren sich vom Staat, fühlen sich ausgeschlossen und entziehen sich zunehmend ihrer Verantwortung als Mitglieder der Gesellschaft. Diese steigende Gleichgültigkeit hat zur Folge, dass Steuerhinterziehung, Schwarzarbeit, Betrügereien und andere unerwünschte Tendenzen zunehmen. Um diese Symptome zu bekämpfen, werden uns ständig neue Gesetze, Verordnungen und Regelwerke vorgesetzt. Aber die stärkere Bevormundung löst keine Probleme, im Gegenteil: Es entsteht vielmehr ein Teufelskreis.

Teil 3: DER WERTEWANDEL

Versiegende Wertequellen

Die obenstehende Symptombeschreibung wurde bewusst übertrieben. Sie widerspiegelt jedoch im großen ganzen die Meinungen, die wir oft zu hören bekommen, und zeigt eine klare Tendenz auf. Immer mehr Menschen würden dieser Beschreibung der allgemeinen Entwicklung zustimmen. Um zu verstehen, welche Ursachen dieser Entwicklung zugrunde liegen und was nötig ist, um sie zu ändern, müssen wir uns das Phänomen der Werte näher anschauen.

> **Früher gab es eine allgemein anerkannte Auffassung davon, welche Werte wichtig seien. Man lernte, dass ein guter Mensch ehrlich sei, hart arbeite, seine Pflichten erfülle und seinen Mitmenschen helfe. Diese Werte entstammten vor allem der Familie, Schule und Kirche. Heute haben diese Institutionen aus verschiedenen Gründen ihre Bedeutung als normative Instanzen zu einem großen Teil verloren.**

Die Familie ist für die Menschen nicht mehr der selbstverständliche Mittelpunkt des Lebens, und immer öfter wird gegen die Familientraditionen verstoßen. Die größere Vielfalt durch Andersdenkende, unterschiedliche Kulturen und Religionen hat zur Folge, dass die Schule sich immer neutraler verhalten und ihre Rolle vor allem in der Wissensvermittlung sehen muss. Die Kirche verliert Anhänger, und ihre Rolle im Alltag ist wesentlich geschrumpft. Dadurch ist die allgemeine Vermittlung von Werten erheblich zurückgegangen. Diese Vermittlung gilt übrigens nicht nur der Frage, welche Werte gelten sollen, sondern befasst sich auch damit, wie der Einzelne in der Praxis nach diesen Werten leben soll.

Früher sahen Eltern es als wichtige Aufgabe an, ihren Kindern ihre eigenen Werte zu vermitteln. Beispielsweise war es üblich, dass der gleiche Beruf von einer Generation auf die nächste überging. Heute ist die Erziehung bedeutend freier, und die Autorität und das Handeln der

DIE ENTDECKUNG DER PERSÖNLICHEN WERTE

Eltern wird immer mehr in Frage gestellt. Die jüngste Generation kann sich oft mit den Werten, die ihre Eltern für wichtig erachten, gar nicht mehr identifizieren und versucht immer mehr, ihren eigenen Weg zu gehen. So ist es für die Jugendlichen heute wichtiger denn je, ihre eigene Identität und Individualität zu behaupten.

Vor nicht allzu langer Zeit noch sah die Schule die Erziehung der Schüler als eine wichtige Aufgabe an. Sie hatte zum Ziel, sie zu guten Mitbürgern zu machen. Der Lehrerberuf genoß hohes Ansehen, und die Lehrerinnen und Lehrer galten im Allgemeinen als gute Vorbilder. Heute genießt das Lehrerdasein bei weitem nicht mehr den gleichen Status wie früher. Was zählt, ist der Fortschritt, und als Vorbild gilt, wer zeigen kann, dass er finanziellen und sozialen Erfolg hat. Der Lehrerberuf weist diesbezüglich keine guten Voraussetzungen auf. Weder die Lehrer selbst noch die Gesellschaft betrachten es heute noch als Aufgabe der Lehrer, sich als Erzieher unserer Kinder zu betätigen. Ein Beispiel hierfür ist, dass die Noten für Ordnung und Reinlichkeit sowie Betragen vielerorts abgeschafft wurden.

Früher war die Kirche der Mittelpunkt der Gesellschaft. Ein Ort, an dem man sich traf, Kontakte pflegte und Antwort auf seine Fragen über Leben und Tod erhielt. Deshalb prägt die Kirche auch die meisten unserer Rituale und Traditionen. An Feiertagen wie Weihnachten, Ostern, Taufe, Hochzeit und Begräbnis spielt sie auch heute noch eine wichtige Rolle. Und auch unsere Ethik und Moral basieren zum großen Teil auf dem, was in der Kirche gelehrt wird. Unsere westliche Kultur stützt sich vor allem auf die Werte, die uns durch die Bibel vermittelt werden. So ist die Kirche zweifellos die Institution, die am meisten zur Herausbildung der in unserer Gesellschaft geltenden Werte beigetragen hat.

Heute ist die Kirche für die meisten Menschen eine Institution am Rande und kein natürlicher Treffpunkt mehr. Die Kirche ist in vielfacher Hinsicht zu einer Formsache verkommen, und die Menschen haben keinen persönlichen Bezug mehr zu ihr. Immer weniger Leute können sich mit dem, wofür die Kirche steht, identifizieren. Ihre Kompetenz in der Beantwortung der Lebensfragen von heute wird immer mehr in Frage gestellt. Dies hat zur Folge, dass die Kirche ihre zentrale Rolle als Vermittlerin von Werten verloren hat.

Teil 3: Der Wertewandel

> **Diese Entwicklung hat ihre negativen Seiten. Werte sind für uns enorm wichtig, sowohl dafür, wie wir unser Leben und unsere Beziehungen gestalten, wie auch dafür, wie wir unsere Gesellschaft aufbauen und regeln. Werte geben uns einen Halt im Leben, eine Orientierung und die Möglichkeit, in dem was wir tun und was um uns herum geschieht, einen Sinn zu erkennen. Der Mangel an Werten führt dagegen zu einer allgemeinen Desorientierung. Deshalb fühlen wir uns heute vermehrt machtlos und entwurzelt und haben oft Schwierigkeiten, uns als Bestandteil der Gesellschaft zu fühlen, in der wir leben.**
>
> **Wir können uns aber auch dazu entschließen, dieser Entwicklung etwas Positives abzugewinnen. Jede Krise bringt auch die Chance einer Entwicklung mit sich und schafft Voraussetzungen für neue Möglichkeiten. Je stärker wir uns dessen bewusst sind, dass wir in einer Zeit des Wandels leben, desto schneller und einfacher können wir eine positive Entwicklung zustande bringen.**

Lassen Sie uns deshalb nun genauer untersuchen, was sich eigentlich hinter dieser heutigen Krise verbirgt.

Der Einzelne oder die Gemeinschaft

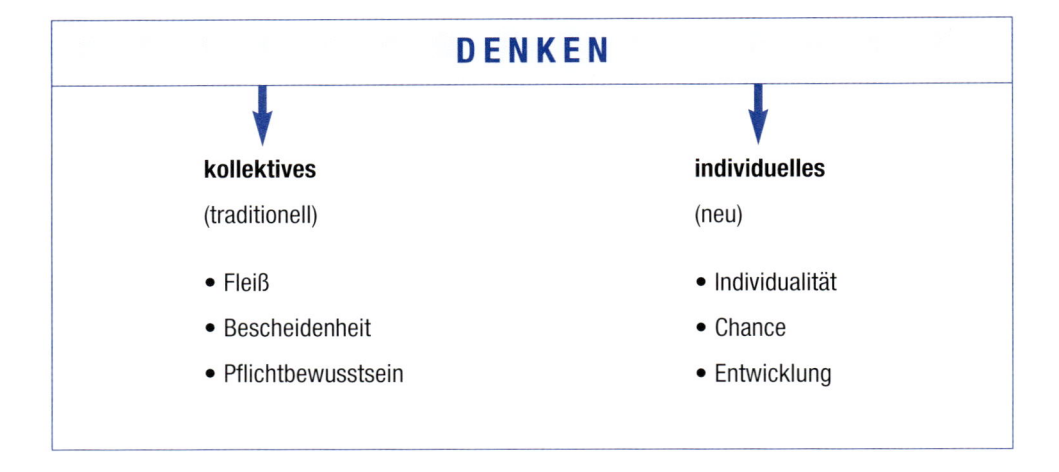

DENKEN	
↓	↓
kollektives	**individuelles**
(traditionell)	(neu)
• Fleiß	• Individualität
• Bescheidenheit	• Chance
• Pflichtbewusstsein	• Entwicklung

Der Grund für die heutige Krise liegt nicht in erster Linie darin, dass uns unsere Werte abhanden gekommen sind, sondern dass wir uns in einer Entwicklungsphase befinden, in der das Individuum eine immer wichtigere Bedeutung erhält.

Auf der einen Seite stehen die traditionellen Institutionen wie Kirche, Schule und Familie, die an Boden verlieren. Sie ordnen den Werten Prioritäten zu, mit dem Ziel, eine geordnete Gesellschaft zu schaffen. Klassische Beispiele hierfür sind Werte wie Fleiß, Bescheidenheit und Pflicht. Auf der anderen Seite ist neu, dass wir von einer zunehmend individuellen Perspektive ausgehen und Werte hervorheben, die unserem Streben nach persönlicher Entfaltung entsprechen. Deshalb haben Werte wie Individualität, Chance und Entwicklung an Bedeutung gewonnen.

Es lässt sich nun die klare Tendenz erkennen, dass das Denken, welches das Individuum in den Mittelpunkt stellt, immer mehr an Einfluss gewinnt. Einige Beispiele: Viele Unternehmen schicken ihre Mitarbeiter heute in Kurse zur persönlichen Entwicklung – vor 30 Jahren wäre dies vollkommen undenkbar gewesen. Im Buchhandel hat der Sektor Psychologie und Esoterik in jüngster Zeit das stärkste Wachstum verzeichnet und die meisten Regalmeter

Teil 3: Der Wertewandel

erobert. Angebot und Nachfrage verschiedener Psychotherapieformen haben allein in den letzten 20 Jahren um das Mehrfache zugenommen. Früher galt es als peinlich, einen Psychologen oder Psychiater aufzusuchen. Heute ist dies in vielen Kreisen gang und gäbe. Es gilt als Arbeit an sich selbst und als Weg zur Bewusstseinsförderung.

Die Krise lässt sich damit erklären, dass das kollektive Denken seine Vorherrschaft eingebüßt hat, während sich das neue, auf das Individuum gerichtete Denken noch nicht richtig etablieren konnte.

Die Lösung besteht jedoch nicht darin, alte Werte einfach durch neue zu ersetzen. Es gibt nämlich Werte, die unabhängig von der Denkweise immer ihre Bedeutung haben werden, z.B. Ehrlichkeit, Freiheit, Toleranz, Respekt. Wir müssen uns bewusst werden: Die Entwicklung verlangt, dass jeder und jede von uns selbst zur Quelle seiner oder ihrer eigenen Werte wird und dass wir selbst die Verantwortung dafür übernehmen, unsere eigenen, persönlichen Werte zu entwickeln.

Wir haben die Bedeutung der Entwicklung unserer persönlichen Werte noch nicht erkannt. Wir haben uns noch zu wenig damit befasst. Beispielsweise sollten wir uns immer wieder die Frage stellen, welche Werte in unserem Leben, unserer Arbeit und unseren Beziehungen gelten sollen. Was schafft echten Sinn, wahren Stolz und dauerhafte Freude? Kein anderer als wir selbst können diese Fragen erschöpfend beantworten. Wenn wir dies als Tatsache annehmen, müssen wir auch die Konsequenzen ziehen: Wir müssen selbst Verantwortung übernehmen. Wir können nicht mehr erwarten, dass die Anworten von außen kommen und uns einfach in den Schoß gelegt werden. Die Quelle der Werte in unserem eigenen Inneren zu entdecken und zu entwickeln, ist eine große, anspruchsvolle und oft mühevolle Aufgabe. Aber die Belohnung ist immer um das Mehrfache größer als der Einsatz.

Die Entdeckung der persönlichen Werte

Von seinen eigenen, persönlichen Werten auszugehen, schafft völlig neue Voraussetzungen. So können wir unsere Situation bewusst verändern und die von uns gewünschten Änderungen selbst vornehmen. Unsere Werte sind das Fundament, auf dem wir stehen, und sie zeigen uns, wie wir unsere Welt und unser Leben gestalten sollten. Wenn wir nur nach kollektiven Werten leben, haben wir keine Macht und keinen Einfluss. Extreme Beispiele von Situationen, in denen praktisch nur kollektive Werte zum Tragen kommen, sind Diktaturen und despotische Führerschaften, die keine abweichenden Meinungen dulden. Dabei werden wir zu Untertanen gemacht. Wir werden zu Werkzeugen degradiert, die lediglich ausführen, was von uns verlangt wird, ohne dass wir selbst zu überlegen brauchen. **Kollektive Werte machen uns zu Objekten und verlangen von uns Unterordnung**. Deshalb können sie auch nie das nötige Engagement erzeugen. Auch wenn sie sinnvoll erscheinen, sind sie selten wirklich verankert, da sie trotz allem von außen kommen. Kein Mensch ist bereit, die Verantwortung und Initiative für Dinge zu übernehmen, die wir tun "sollten" oder die zu tun "gut wäre". Oft wissen wir, was das Beste wäre, tun es aber trotzdem nicht.

Gehen wir hingegen von unseren persönlichen Werten aus, dann entscheiden wir selbst. Wir sind das Subjekt. Wir sind nicht mehr Opfer der Umstände. Die persönlichen Werte sind die Grundlage unserer inneren Motivation und entscheiden darüber, was wir wirklich wichtig finden. Die Erfahrung zeigt: Wenn wir eine Veränderung wirklich erreichen wollen, dann kommt sie auch zustande. Das bedeutet jedoch auch, dass wir nicht mehr anderen die Schuld zuschieben können. Wir besitzen und erhalten, was wir selbst verdient haben. Mit anderen Worten:

Sind wir mit unserem Leben, unserer Arbeit, unserer Gesellschaft oder der Welt, in der wir leben, unzufrieden, so kann es nur an zwei Dingen liegen: Entweder wissen wir nicht, welches unsere persönlichen Werte sind, oder wir leben nicht nach ihnen.

Teil 3: DER WERTEWANDEL

Auf sich selbst hören

Wenn wir nach neuen Ideen oder Lösungen für unsere Probleme suchen, schauen wir uns normalerweise um und fragen andere um Rat. Oft werden dann die Rezepte anderer übernommen. Je weiter entfernt die Quelle liegt, desto überzeugter sind wir, genau das Richtige gefunden zu haben. Es ist nicht leicht, Prophet im eigenen Land zu sein, wenn aber der Prophet aus einem fernen Land kommt, dann sind wir viel eher bereit zu glauben, dass er die richtigen Antworten für uns bereithält. Dieses Phänomen zeigt sich vielerorts: Buddhistische Lehren erfreuen sich immer größerer Beliebtheit, indische Gurus stehen hoch im Kurs. Und in der Wirtschaft glaubt man an Benchmarking – das Kopieren erfolgreicher Rezepte anderer.

Natürlich ist es nicht falsch, erfahren zu wollen, was andere finden, wie sie denken, andere Kulturen zu verstehen und sich mit verschiedenen Philosophien und Religionen auseinanderzusetzen. Das kann den eigenen Horizont nur erweitern. Wenn wir aber fremde Glaubenssätze und Weisheiten unbedacht übernehmen, dann bleiben wir in unserer eigenen Entwicklung stehen. Hingegen können uns fremde Gedanken und Einsichten viel bringen, wenn wir sie als Anregungen und Inspirationsquelle betrachten, um unseren eigenen Weg zu finden und unseren eigenen Standpunkt aufzubauen.

Wir haben die Tendenz, uns selbst zu unterschätzen, wenn es um unsere Fähigkeit geht, die Fragen des Lebens zu beantworten. Unsere Erziehung und Ausbildung baut darauf auf, dass wir uns die Ansichten anderer anhören, diese näher kennenlernen und das, was sie sagen, tun sollen. In der Folge lernen wir das, was wir selbst denken und fühlen, systematisch zu verdrängen. Dadurch ist eine weit verbreitete Volkskrankheit entstanden:

> **Wir verlassen uns nicht auf unsere eigene Intuition oder unsere eigenen Gedanken und Gefühle. Es gilt das, was nach außen hin logisch und realistisch erscheint und allgemein akzeptiert ist. Deshalb sind wir so empfänglich für fertige, rationelle Lösungen, die sich kluge Personen für uns ausgedacht haben und die wir einfach übernehmen zu können glauben.**

Die Entdeckung der persönlichen Werte

Immer mehr Menschen stellen heute das vorherrschende, einseitig materialistische und technische Denken in Frage und sehen ein, dass sie ihre gefühlsmäßige, irrationale Seite entwickeln müssen. Man spricht sogar von emotionaler Intelligenz. Dies ist auch der Grund, weshalb so viele neue Lebenslehren und neugeistliche Schulen florieren. Aber auch hier ist die Gefahr groß, dass wir das Wichtigste übersehen: **Wir selbst sollten die Quelle unserer Werte sein**. Es ist einfacher, sich für bequem verpackte Konzepte zu entscheiden, die uns vermeintlich alle Antworten frei Haus liefern. Hinter diesen verschiedenen Bewegungen verbergen sich aber ein paar wenige Gurus und Koryphäen, deren Gedanken nur zu oft für die absolute Wahrheit gehalten werden. Ihre "Jünger" verpassen keine Gelegenheit, um den "Meister" wortgetreu zu zitieren. Ein solches Verhalten stellt für alles, was mit persönlicher Entfaltung zu tun hat, eine Sackgasse dar. Das Einzige, was wirklich bereichernd und interessant ist, ist unsere eigene Stellungnahme zu dem, was diese "Weisen" gesagt oder geschrieben haben. Indem wir sie hinterfragen und uns eine eigene Meinung bilden, weichen wir zwar von der reinen Lehre ab und verlieren die Möglichkeit, selbst zu einem führenden Herdenmitglied zu werden. Dafür erwerben wir jedoch die Fähigkeit, unser eigener Meister zu werden.

Viele Unternehmen und Organisationen setzen heute ihr Vertrauen in die verschiedensten Fortschrittskonzepte: Total Quality Management, Benchmarking, Learning Organizations, Empowerment, Virtual Organizations usw. Dadurch erhoffen sie sich, die gewünschten Veränderungen schneller und besser zu erreichen. Das Ergebnis entspricht jedoch selten den Erwartungen, und das ist vermutlich der Grund, weshalb gewisse Managementideen beinahe so schnell wieder verschwinden, wie sie aufgetaucht sind.

> **Dass die Resultate ausbleiben, ist kein Wunder. Solange uns Philosophien, Religionen, Verhaltensweisen und Methoden von außen aufgezwungen werden, anstatt sich aus unseren persönlichen Werten zu entwickeln und auf diese abgestimmt zu werden, können sie niemals Fuß fassen und wirkungsvoll in die Realität umgesetzt werden. Nur was von innen kommt und uns von ganzem Herzen überzeugt, kann die echte innere Motivation erzeugen, die nötig ist, um die gewünschten Veränderungen herbeizuführen.**

Teil 3: Der Wertewandel

Alles ist subjektiv

Weisheit lässt sich beschreiben als die Einsicht, dass das, was man weiß, nur einem Tropfen Wasser in einem Ozean entspricht. Was Weisheit ebenfalls auszeichnet, ist das Wissen, dass der Standpunkt den man einnimmt darüber entscheidet, ob man etwas für richtig oder falsch, gut oder schlecht erachtet. Wenn wir eine "6" in den Sand ritzen, brauchen wir uns nur auf die gegenüberliegende Seite zu stellen, damit aus der "6" eine "9" wird. Je nachdem, wo wir stehen, erhält das gleiche Zeichen eine völlig andere Bedeutung mit ganz anderen Assoziationen. Unser Standpunkt ist durch unsere Werte bedingt. **Weil es viele Werte gibt, gibt es auch viele Standpunkte, und jeder Standpunkt hat seine Berechtigung.**

Unsere Werte dienen uns als Orientierung und sind die Voraussetzung dafür, dass wir unsere Ziele festlegen, Prioritäten setzen und das tun, was wir für sinnvoll erachten. **Tagtäglich treffen wir hunderte von Entscheidungen**. Ohne dass wir uns dessen richtig bewusst sind, helfen uns unsere Werte dabei. Wann soll ich morgens aufstehen? Was soll ich zum Frühstück essen? Welche Kleider soll ich anziehen? Jede Entscheidung bedeutet eine Auswahl aus mehreren Alternativen. Jede Alternative hat ihre Vor- und Nachteile. Eier und Speck zum Frühstück schmecken vielleicht gut, enthalten aber auch viele Kalorien. Ein Fruchtsalat ist bedeutend gesünder, braucht aber Zeit zur Zubereitung. Flocken lassen sich schnell hervornehmen, schmecken aber nicht gleich gut. Dies sind Beispiele einfacher Stellungnahmen. Es gibt jedoch viele Beschlüsse, die bedeutend komplizierter sind und bei denen die Entscheidungsfindung folglich schwieriger ist. Das Prinzip ist jedoch für alle Beschlüsse, die wir fassen, das gleiche:

> **Es sind unsere Werte, die uns zu derjenigen Alternative hinführen, die wir persönlich bevorzugen. Und je mehr wir an unseren persönlichen Werten gearbeitet und je weiter wir sie entwickelt haben, desto leichter fällt es uns, einen klaren, persönlichen Standpunkt einzunehmen.**

Die Entdeckung der persönlichen Werte

Wenn wir bewusst von unseren persönlichen Werten ausgehen, sehen wir, dass unser Urteil subjektiv ist. Wir befreien uns dadurch vom Glauben an scheinbar objektive, absolute Wahrheiten. Gleichzeitig öffnen wir uns für die Möglichkeit mehrerer potentieller Wahrheiten und mehrerer richtiger Anworten auf dieselbe Frage. Das ist Weisheit. **Das Wissen um die Subjektivität unseres Standpunktes macht uns auch viel toleranter**. Wir werden bessere Zuhörer und können die Meinungen anderer verstehen und respektieren. Wir sehen ein, wie wichtig es ist, dass andere ebenfalls ihre Gedanken und Meinungen äußern können. Diese Einstellung macht uns offener, und wir können das ganze Spektrum der Möglichkeiten besser wahrnehmen. Das ist grundlegend für ein funktionierendes Zusammenleben – in der Familie, in der Organisation, im Unternehmen und in der Gesellschaft allgemein.

Glauben wir hingegen, wir hätten eine objektiv richtige Antwort gefunden, verschließen wir uns gegenüber der Möglichkeit, auf zusätzliche Antworten zu stoßen. Wir haben kein offenes Ohr mehr. Dies führt leicht zu Besserwisserei und Fanatismus.

> **Die Überzeugung, im Besitz der einzig richtigen Antwort zu sein, bewirkt, dass wir meinen, anderen Menschen, die nicht die gleiche Meinung teilen, überlegen zu sein. Auch glauben wir, völlig im Recht zu sein, um anderen zu dem zu verhelfen, was wir für die einzig richtige Wahrheit halten – und dies notfalls mit Gewalt. Diese Einstellung führt nie zu etwas Gutem. Zuviel Grausames ist schon im Namen der Religion oder politischer Überzeugungen geschehen.**

Viele Führungskräfte glauben, die objektive Wahrheit gefunden zu haben. Sie sind deshalb überzeugt, ihr eigenes Vorgehen sei das beste und ihre Auffassung die einzig richtige. **Aus diesem Grunde wollen sie Abbilder ihrer selbst erzeugen und sich damit umgeben. Allerdings sollten diese Abbilder immer etwas kleiner sein als das Original selbst**. Wer so funktioniert, wird oft für eine starke Führungspersönlichkeit gehalten, mit der Fähigkeit, den richtigen Weg zu zeigen, den alle einzuschlagen haben. Selbstverständlich will eine solche Person auch ihren Platz an der Spitze einnehmen.

Teil 3: Der Wertewandel

Wer es schon einmal mit diesem Typ zu tun hatte, dürfte dies kaum positiv erlebt haben. Man kann nicht selbständig arbeiten, sondern wird meist in seiner Entwicklung gehemmt. Alle Bestrebungen, nach neuen Möglichkeiten und besseren Lösungen zu suchen, werden im Keim erstickt, da dies oft ein Abweichen vom Zulässigen beinhalten würde. Was zulässig ist, entscheidet die "objektive Wahrheit".

Oft sieht eine solche Führung von außen her gar nicht schlecht aus: Eine feste Hand, eine einfache Lösung, klare Anweisungen, und alle streben in die gleiche Richtung. Auch die Resultate können positiv sein – zumindest am Anfang. Da sich das Umfeld jedoch die ganze Zeit wandelt und ständig neue Überlebensbedingungen aufkommen, stehen die Prognosen für jene Unternehmen am besten, die ein größeres Register an Lösungs- und Handlungsalternativen aufweisen.

> **Flexibilität und rasche Anpassung, um neue Möglichkeiten zu realisieren, sind entscheidende Eigenschaften, um sich in einer Umgebung erfolgreich zu behaupten, deren einzige Konstante die Veränderung ist. Dieses Potential verkümmert unter einer autoritären Führung, unter der es schwierig ist sich zu engagieren, da es keinen Spielraum für die Entwicklung einer inneren Motivation gibt. Ein unnahbarer Vorgesetzter, der Anweisungen erteilt, die nicht anzuzweifeln sind, fordert keinen Mitarbeiter zum selbständigen Denken oder zur Stellungnahme auf. So werden die Mitarbeiter zu Untergebenen, zu kritiklosen Werkzeugen degradiert, die nur Befehle ausführen. Eigeninitiative ist nicht gefragt. Viel menschliches Potential geht auf diese Weise verloren mit dem Ergebnis, dass längerfristig alle zu Verlierern werden: die Mitarbeiter, das Unternehmen und auch die Umwelt.**

Teil 4:

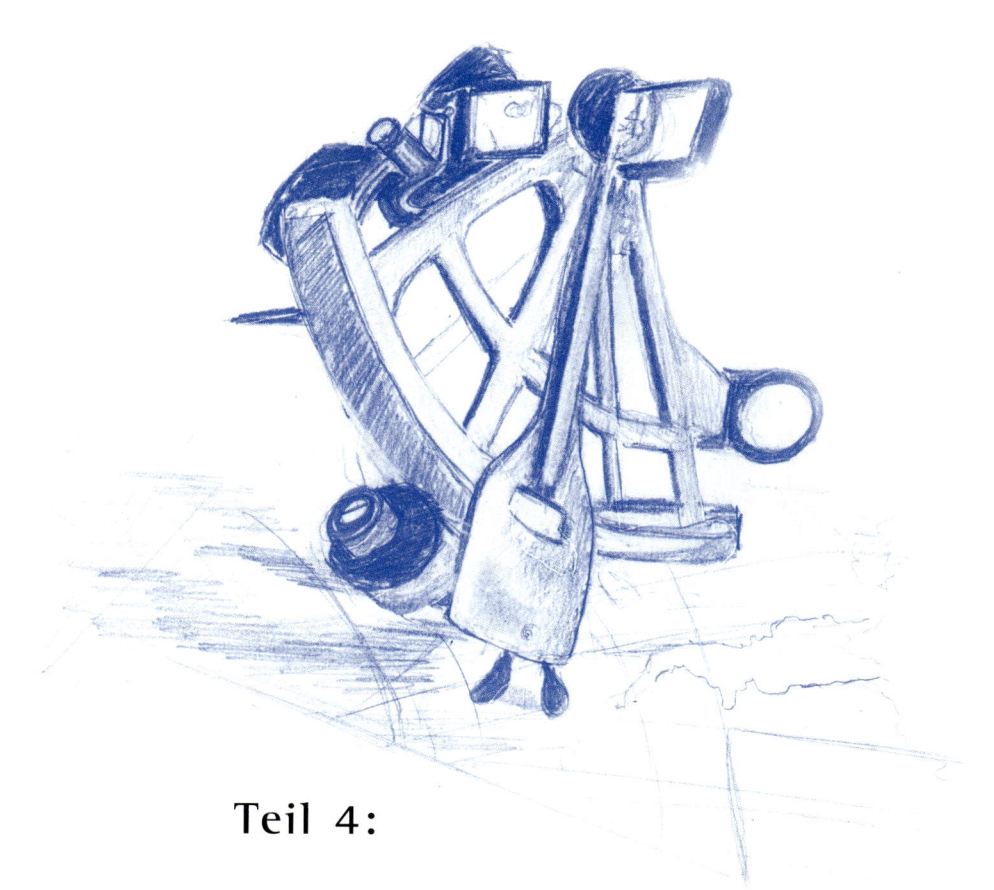

Die Herausforderung

- INNERE UND ÄUSSERE MOTIVATION
- DIE WIRKUNG DER PERSÖNLICHEN WERTE
    - VORAUSSETZUNGEN ZUR SELBSTMOTIVATION
    - ENTWICKLUNG DER PERSÖNLICHKEIT
    - IMPLEMENTIERUNG DER UNTERNEHMENSWERTE
- ERKENNE DICH SELBST

Teil 4 Die Herausforderung

In den 87 durchgeführten Einzelinterviews mit Schwedens erfolgreichsten Führungskräften – die meisten haben wir zweimal getroffen – haben wir folgende Frage diskutiert:

Wodurch zeichnet sich eine gute Unternehmensführung aus?

Die verschiedenen Antworten auf diese Frage lassen sich wie folgt zusammenfassen[5]:

- Zu leben wie man lehrt

- Eine attraktive Vorstellung von der Zukunft zu vermitteln, für die sich alle Betroffenen einsetzen wollen

- Menschen mitzureißen und dazu zu bringen, ihr Bestes zu geben

- Menschen zur Zusammenarbeit zu bewegen

- Gute Ergebnisse zu erreichen

Mit anderen Worten: Die allgemeine Erfahrung ist die, dass eine gute Unternehmungsführung davon abhängt, wie sehr sie fähig ist, Vertrauen, Engagement, gute Beziehungen und gute Ergebnisse zustande zu bringen. Die ersten vier Punkte weisen wiederum auf die Bedeutung der Persönlichkeit der Führungskraft hin. Aber noch wichtiger scheint uns in diesem Zusammenhang die Tatsache, dass zwei Punkte - nämlich die Punkte zwei und drei – die Bedeutung des Engagements hervorheben. Die Wichtigkeit der Schaffung von Engagement kam ebenfalls in der Frage nach den wichtigsten drei persönlichen Werten deutlich zum Ausdruck. Der von den Top-Managern meist genannte persönliche Wert war eben Engagement. Dieser Wert kam sogar deutlich vor dem Wert Ehrlichkeit. Ehrlichkeit wird generell als der meist gewählte Wert betrachtet.

---

[5] S. Boëthius, M. Ehdin, Führen an der Spitze, Bericht Nr. 2, 1998

Teil 4: DIE HERAUSFORDERUNG

Innere und äußere Motivation

Die Gespräche zeigten, dass hinter der Frage, wie es der Unternehmensführung gelingt, Engagement zu schaffen, das Problem der Motivation der Mitarbeiter steckt. Wenn wir eine Wunschliste der interviewten Führungskräfte aufzustellen hätten, würde der Wunsch nach motivierten Mitarbeitern an erster Stelle stehen. Alle Befragten gaben zu, dass die Motivation in der eigenen Organisation höher sein könnte. "Man braucht ja nur durch die Büros und Fabriken zu laufen, um zu merken, dass Mitarbeiter nicht die richtige Motivation haben" war sinngemäß eine häufige Aussage. Auf die Frage, was aus der Sicht der Unternehmensführung getan werden kann, um die Motivation der Mitarbeiter zu erhöhen, kam oft das inzwischen bekannte Thema von Leitbildern und Unternehmenswerten auf. Diese sollten vor allem die Identifikation des Mitarbeiters mit der Organisation verstärken.

Da diese Leitbilder und Unternehmenswerte in der Regel – wie wir bereits festgestellt haben – nicht gelebt werden, bleibt der gewünschte positive Effekt auf die Identifikation aus. Obwohl das angestrebte Ziel nicht erreicht wird, ist der Ansatz grundsätzlich richtig. Die Identifikation mit der Aufgabe und der Organisation ist eine Voraussetzung für die Entfaltung der Motivation. Sie ist ein Prozess, der vom Individuum ausgeht. Die Motivation muss also von innen kommen. Nicht von außen. Trotzdem ist immer noch die Vorstellung weit verbreitet, dass es Führungsaufgabe sei, die Mitarbeiter zu motivieren. Ein Unterfangen, das keine Aussicht auf Erfolg hat.[6]

Es kann grundsätzlich zwischen äußerer und innerer Motivation unterschieden werden.

Die äußere Motivation, die den Namen Motivation eigentlich nicht verdient, kennzeichnet sich durch die Aktivität eines Dritten (in der Regel der Vorgesetzte) und die Passivität eines Betroffenen (in der Regel der Mitarbeiter). Um jemanden zu bewegen, gewünschte Dinge zu tun, gibt es eigentlich nur **zwei Möglichkeiten: Belohnen oder Bedrohen**.

---

[6] S. Boëthius, M. Ehdin, Die vierte Kompetenz, 1997

Belohnung kann viele Formen annehmen: Lob, Streicheleinheiten, Anerkennung, Bonusse, Beförderung, etc.

Bedrohung besteht meistens in der Schaffung von Angst. Sie ist immer noch eine recht weit verbreitete Form der äußeren Motivation, die ebenfalls einen angelsächsischen Namen erhalten hat: Management by fear. Vor allem in traditionellen Industrieunternehmen, in denen ein autoritärer Führungsstil vorherrscht, wird sie praktiziert. Die Tauglichkeit der Angstmacherei als Motivationsmethode ist fraglich, denn sie bewirkt meist das Gegenteil: Lähmung, Resignation und emotionaler Rückzug. Daher wird sie auch generell abgelehnt, was sich auch in den Interviews bestätigte.

Aber auch die äußere Motivation im Sinne von Belohnung zeigt wenig Wirkung. Es wurden vor allem drei klare Nachteile erkannt:

1. Ihre Wirkung ist nicht nachhaltig. Eine Lohnerhöhung, als Beispiel, wird nach einer kurzen Zeit der Freude und Befriedigung eine Selbstverständlichkeit. Wer seine Mitarbeiter lobt, erhöht anfänglich die Leistungsbereitschaft der Mitarbeiter. Nachher muss das Niveau an Lob gehalten werden, um nicht ins Negative umzuschlagen. Eine kurzfristige Erhöhung der Leistungsbereitschaft kann nur durch mehr Belohnung erreicht werden. Irgendwann ist die Grenze der Steigerungsmöglichkeiten erreicht.

2. Die äußere Motivation erzeugt Passivität. Wenn die Erwartungshaltung ist, dass es Aufgabe des Vorgesetzten sei, seine Mitarbeiter zu motivieren, muss der Vorgesetzte auch dafür die Verantwortung übernehmen. Dem Mitarbeiter wird damit die Verantwortung entzogen. Mit gewissem Recht kann der Mitarbeiter sich zurücklehnen und darauf warten, motiviert zu werden. Wenn dieses Kunststück dem Vorgesetzten nicht gelingt, kann der Mitarbeiter nichts dafür. Doch dieses Recht zur Passivität hat seinen Preis. Die äußere Motivation macht den Mitarbeiter abhängig vom Verhalten des Vorgesetzten, und abhängig will niemand sein.

3. Die Motivation durch Anreize ist auch nicht menschenwürdig. Sie baut auf ein negatives Menschenbild, das von der Grundvorstellung ausgeht, dass Menschen keinen eigenen Antrieb haben. Kurz: Sie sind faul und haben weder Ehrgeiz noch Verantwortungsgefühl.

Teil 4: Die Herausforderung

Daher haben verschiedene Belohnungs- und Bonussysteme oft einen Beigeschmack von Erniedrigung und Verachtung.

Voraussetzungen zu schaffen, um die Entfaltung der **inneren Motivation** zu ermöglichen, wird allgemein als ein wichtiges Ziel der guten Unternehmensführung angesehen. Nicht nur um die Attraktivität des Arbeitsplatzes zu erhöhen, sondern auch um die gewünschte Identifikation zu fördern, sehen sich immer mehr Arbeitgeber als Anbieter von Sinn. Sinnvoll ist vor allem das, was wichtig ist und als bedeutungsvoll erlebt wird. Dies erklärt auch, warum so viele Leitungsteams sich mit den Unternehmenswerten befassen. Gerade mit den Unternehmenswerten versucht die Unternehmensführung, das Essentiellste zu definieren, das die Unternehmensexistenz berechtigen und sichern soll.

Das Ganze hat einen Haken und dies erklärt, warum die Rechnung nicht aufgeht. Das, was als wichtig für das Unternehmen definiert wird, ist nicht unbedingt wichtig für den Mitarbeiter. Viele Mitarbeiter wissen nicht, was für sie wichtig ist, und somit können sie auch keine Wichtigkeit in den Unternehmenswerten erkennen. Die meisten Mitarbeiter setzen kein Gleichheitszeichen zwischen sich und dem Unternehmen, in dem sie arbeitet. Damit werden sie – wenn sie überhaupt wissen, was für sie wichtig ist – andere Vorstellungen haben, als das, was die Unternehmenswerte zum Ausdruck bringen. Daher sind die Unternehmenswerte kein geeignetes Mittel, um die innere Motivation zu fördern. **Einzig und allein entscheidend für die innere Motivation ist, dass der Mitarbeiter weiß, was für ihn persönlich wichtig ist.**

Hätten die Mitarbeiter einen persönlichen Standpunkt und klare Orientierungspunkte im Leben, hätten die Unternehmen maximal motivierte Mitarbeiter. Es würde keine Motivationsprobleme geben. Doch die Wirklichkeit sieht anders aus: In der Regel wissen die Mitarbeiter nicht, was für sie wichtig sind. Umfragen zeigen, dass nur die wenigsten sich mit Sinnfragen befassen oder eine klare Zielsetzung im Leben erkennen. Dieses Problem ist, jedenfalls nach den geführten Interviews zu beurteilen, relativ unerkannt. Die Vorstellung, dass die Unternehmensführung Prozesse fördern sollte, in denen Mitarbeiter zur Reflexion über ihr Leben und ihre persönlichen Prioritäten bewegt werden, ist noch sehr fremd. Und natürlich tauchte sofort die Frage auf: **Wie soll man so etwas überhaupt machen?**

Die Wirkung der persönlichen Werte

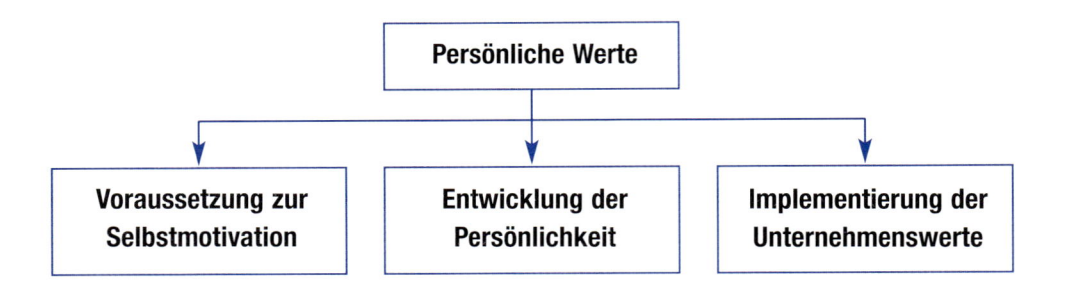

```
                    ┌─────────────────────┐
                    │  Persönliche Werte  │
                    └──────────┬──────────┘
          ┌────────────────────┼────────────────────┐
          ▼                    ▼                    ▼
┌───────────────────┐ ┌───────────────────┐ ┌───────────────────┐
│ Voraussetzung zur │ │   Entwicklung der │ │ Implementierung der│
│  Selbstmotivation │ │   Persönlichkeit  │ │  Unternehmenswerte │
└───────────────────┘ └───────────────────┘ └───────────────────┘
```

> Unsere Werte sind die Quelle von Sinn und Motivation. Ohne persönliche Werte könnten wir weder einen Lebensinhalt erkennen, irgend einen Antrieb aufbringen, Ziele festlegen, Prioritäten setzen noch eine konkrete Entscheidung treffen.
>
> Erst unsere Werte geben unserem Handeln einen Gehalt und eine Richtung. Somit ist die Auseinandersetzung mit den persönlichen Werten wahrscheinlich die effektivste Methode, um die innere Motivation zu entfalten. Sie ist auch – wie in den vorherigen Kapiteln aufgezeigt - der gesuchte Schlüssel um
>
> - die wichtigste Führungskompetenz, die Persönlichkeit, zu entfalten und
> - Unternehmenswerte erfolgreich zu implementieren.

Die Arbeit mit den persönlichen Werten ist damit auch der einzige begehbare Weg, um Engagement, Vertrauen und Glaubwürdigkeit aufzubauen. Daher unsere Frage an alle Unternehmensleitungen und Führungskräfte: Gibt es einen Grund, sich nicht mit den persönlichen Werten zu beschäftigen? Die Unternehmen, die als erste mit dem Differenzierungsprozess der persönlichen Werte beginnen, werden nicht nur die besten Mitarbeiter anziehen, sondern sie werden auch das Humankapital am besten entwickeln und einsetzen. Sie verschaffen sich damit einen uneinholbaren Vorsprung und werden dadurch zu den zukünftigen Gewinnern zählen.

Teil 4: Die Herausforderung

Mit dem beiliegenden Arbeitsbuch wird die Gelegenheit geboten, sofort mit dem Nachdenken über die eigenen Werte zu beginnen. Doch vorher soll die Brücke zwischen den persönlichen Werten und Motivation, Persönlichkeit und Unternehmenswerten noch deutlicher aufgezeigt werden.

Voraussetzung zur Selbstmotivation

Nehmen wir an, dass eine Person, nennen wir sie Brigitte, folgende Werte für sich gewählt hat: Ehrlichkeit, Engagement und Entwicklung. Diese drei Werte gehören zwar zu den am häufigsten gewählten Werten, aber sie dienen hier nur als Beispiel.

> **Brigitte wird dann vor allem ihre Motivation bei der Arbeit entfalten können, wenn sie folgendes als erfüllt erlebt:**
>
> - Sie kann ehrlich und aufrichtig sein. Das Arbeitsumfeld setzt sie diesbezüglich weder unter Druck noch verlangt die erfolgreiche Erledigung der Arbeit irgendwelche Kompromisse oder Abschläge. Sie empfindet, dass das Unternehmen, die Führung wie auch die Mitarbeiter offen und geradlinig sind und dass die Produkte gut sind und das Versprochene halten.
>
> - Sie ist engagiert. Die Arbeit macht ihr Spaß und ist interessant. Auch hier muss das Arbeitsumfeld stimmen: Das Engagement muss im ganzen Unternehmen spürbar sein, aber vor allem muss der Vorgesetzte dieses Engagement vorleben. Mitarbeiter, die Initiative ergreifen, neugierig sind, selbständig arbeiten und gerne Verantwortung übernehmen, müssen geschätzt sein.
>
> - Sie kann sich bei der Arbeit entwickeln. Die Aufgaben sind eine interessante Herausforderung und die Stelle entspricht dem gewünschten Werdegang. Vieles wird getan, um sie zu fördern. Der Vorgesetzte freut sich über gute Mitarbeiter und erlebt sie nicht als Bedrohung.

Die Entdeckung der persönlichen Werte

Die Grafik von Kouzes und Posner auf Seite 38 zeigt, dass tatsächlich auch eine erhebliche Motivationssteigerung mit der Verdeutlichung der persönlichen Werte erzeugt wird. Darum sollte allen Mitarbeitern die Möglichkeit geboten werden, sich mit ihren eigenen Werten zu befassen.

> **Wichtig ist zu erkennen, dass die Deutung der Werte und die Beurteilung, inwieweit sie gelebt werden können, subjektiv ist. Hier ist vor allem das Gefühl entscheidend. Wenn Brigitte glaubt, dass sie ihre drei wichtigsten Werte in ihrer Arbeit umsetzen kann, dann wird sie auch ihre Arbeit als sinnvoll erleben. Dies ist die wichtigste Voraussetzung zur Entfaltung der inneren Motivation.**

Teil 4: Die Herausforderung

Entwicklung der Persönlichkeit

Wodurch zeichnet sich eine gute Führung aus? Welche Eigenschaften sollte ein guter Vorgesetzter besitzen? Diese Frage haben wir nicht nur in den Interviews, sondern auch bei vielen anderen Gelegenheiten (Workshops, Beratungsgespräche) gestellt und immer wieder ähnlich beantwortet bekommen: **Die Person sollte engagiert, ehrlich, aufrichtig, offen, ein guter Zuhörer, glaubwürdig, ein gutes Vorbild, urteilsfähig, deutlich, zielbewusst sein, andere weiterbringen, hellhörig, begeistert, teamorientiert, visionär, beschlussfähig, vertrauenerweckend, kreativ sein usw.** Nur sehr selten lautete die Antwort: Diplomingenieur, Diplomkaufmann, zehn Jahre Branchenerfahrung, kometenhafter Aufstieg. Die Antworten zeigen deutlich, dass es vor allem um Eigenschaften geht, die mit der Persönlichkeit eines Menschen verknüpft sind.

Bei diesen Gelegenheiten haben wir auch die Frage gestellt: **Welche Eigenschaften hat ein guter Mitarbeiter?** Entweder wurden fast identische Eigenschaften wie bei der guten Führungskraft aufgezählt oder – dies geschah in den meisten Fällen – es wurde direkt festgestellt, dass es sich um **die gleiche Liste von Eigenschaften** handelt. Gleiche Antworten erhielten wir bei der Frage nach den Eigenschaften für einen guten Ehepartner oder für gute Eltern. Die weitgehende Identität der Eigenschaftslisten zeigen, dass es vor allem darum geht, die eigene Persönlichkeit zu entwickeln. Die Konklusion, die wir häufig in den Interviews zu hören bekamen: Wir sollten in erster Linie Mensch sein. Auch die gute Führungskraft sollte in erster Linie Mensch sein. Und was bedeutet Mensch zu sein? **Wir werden vor allem dann als Mensch erlebt, wenn wir echt sind, das heißt, wenn wir wir selbst sind. Eine gute Führungskraft ist frei vom künstlichen Getue, sie hat den Mut sich selbst zu akzeptieren, wie sie ist.**

Bei der Frage nach den erwünschten Eigenschaften stoßen wir also auf drei Interpretationen: Es gilt eine Persönlichkeit zu sein, Mensch sein und sich selbst sein. Mit dem Gedankengut von **C.G. Jung** lassen sich alle drei Auslegungen auf einen Nenner bringen. **Jeder Mensch hat seine eigene, einzigartige Persönlichkeit. Nur ist sie nicht von Anfang an entwickelt.** Daher obliegt es jedem Einzelnen zu bestimmen, worin seine Einzigartigkeit besteht

Die Entdeckung der persönlichen Werte

und diese zu entfalten. Diese Aufgabe zu akzeptieren und ernst zu nehmen, macht uns zum echten Menschen, denn wir geben damit zu, dass wir noch viel Entwicklungspotential haben. Wir sind alles andere als perfekt. Wir haben viele Fehler und Schwächen. Und das ist auch gut so. Gerade diese bescheidene, aber auch versöhnende Selbsteinschätzung macht uns menschlich. **Zum Menschsein gehört vor allem das ständige An-Sich-Arbeiten und die damit verbundene Aufgabe, sich als Mensch weiterzuentwickeln.**

Unsere Erfahrungen zeigen, dass fast jeder Mensch, der die Ziele seiner Persönlichkeitsentwicklung aufzählt, die gleichen Begriffe wählt, die in der Eigenschaftsliste einer guten Führungskraft vorkommen. Dies zeigt bereits, dass es sich bei diesen Persönlichkeitseigenschaften um wichtige Werte handelt. Besonders deutlich wurde dieser Zusammenhang in den Interviews.

> **Eine Standardfrage in unseren Interviews mit Schwedens Top-Führungskräften war die Bitte, ihre drei wichtigsten persönlichen Werte zu nennen. Beim Auswerten dieser Nennungen haben wir festgestellt, dass die Liste mit den genannten persönlichen Werten der Befragten mit der Liste der meistgenannten Eigenschaften einer guten Führungskraft praktisch deckungsgleich ist. Folgende Begriffe kamen in beiden Listen besonders häufig vor: Ehrlichkeit, Aufrichtigkeit, Vertrauen, Glaubwürdigkeit, Offenheit, Engagement, Freude, Humor, Visionär, Mut, Respekt. Diese Übereinstimmung zwischen persönlichen Werten und Eigenschaften einer guten Führungskraft zeigt, dass ein starker Zusammenhang zwischen der intuitiven Fähigkeit zur Persönlichkeitsentfaltung und dem Erfolg als Führungskraft besteht.**

Auf die Frage "Was war entscheidend für Ihren persönlichen Erfolg und dafür, dass Sie Ihre Position erreichen konnten?" haben wir sinngemäß die folgende Antwort erhalten: Die Fähigkeit zu wissen, was man will, eine klare Linie zu haben und konsequent zu handeln. Die Befragten hielten dies für wichtig, um auch harte Entscheidungen zu treffen, schwierige Situ-

Teil 4: Die Herausforderung

ationen zu bewältigen und turbulente Zeiten durchzustehen. Die eigene starke Überzeugung und die Glaubwürdigkeit des eigenen Handelns bewirken, dass man für seine Sache Unterstützung erhält. Damit waren wir automatisch beim Thema Werte angelangt. Viele haben es auch konkret formuliert: Diese Fähigkeit habe ich, weil ich klare Wertvorstellungen habe, auf die ich mich stütze und denen ich immer versuche, treu zu sein. Dies führt zu der Schlußfolgerung, dass ein gut entwickeltes Wertesystem auch als Maßstab der eigenen Persönlichkeitsentfaltung dient.

Die Erkenntnis, dass sich die befragten Führungskräfte ihrer persönlichen Werte besonders bewusst waren und sich auch aktiv bemühten, nach diesen zu handeln und zu leben, erklärte somit, warum sie ihre Persönlichkeit entwickelt hatten. Den von ihnen gewählten Werten entsprechen wichtige persönliche Eigenschaften.

Die Differenzierung von persönlichen Werten führt automatisch zu einem Prozess, der auch die Persönlichkeit entwickelt.

Implementierung der Unternehmenswerte

Die Prozesse und Anstrengungen, Grundwerte in einer Organisation zu verankern, scheitern, weil die Führung die Mitarbeiter nicht genügend als Individuen – mit eigenen Werten - einbezieht. Man kann es noch deutlicher ausdrücken:

> **Jeder Implementierungsprozess, der mit der Definition und Kommunikation von Unternehmenswerten beginnt, kann keine Aussicht auf Erfolg haben. Man beginnt am falschen Ende. Mitarbeitern, die sich nie damit befasst haben, ihre persönlichen Werte umzusetzen, fehlt verständlicherweise die Fähigkeit, die Werte ihres Unternehmens zu verwirklichen.**

Nur die wenigsten Menschen haben aber über ihre persönlichen Werte nachgedacht und diese in ihrem Leben bewusst und aktiv umzusetzen versucht. Daher muss jeder Implementierungsprozess damit beginnen, dass sowohl Führungskräfte wie Mitarbeiter sich mit ihren persönlichen Werten auseinandersetzen. Vor allem muss das Top-Management mit gutem Beispiel vorangehen.

Ein wesentlicher Grund, warum man bis heute die Bedeutung der persönlichen Werte nicht entdeckt hat, ist das traditionelle Denkmuster von gegensätzlichen Interessen zwischen Unternehmen und Mitarbeitern. Zu viele glauben immer noch an das Nullsummenspiel. Wenn es dem Mitarbeiter gut geht, dann nur auf Kosten des Unternehmens und vice versa. Mit dieser Haltung ist es natürlich auch schwer zu verstehen, dass eine persönliche Angelegenheit, wie die persönlichen Werte, auch dem Unternehmen großem Nutzen stiftet. Umgekehrt begegnet der Mitarbeiter dem Wunsch der Unternehmensführung, ihn als ganzen Menschen einzubeziehen, mit vorprogrammiertem Mißtrauen. Viele gehen als halber Mensch zur Arbeit, weil sie ihr Herz zu Hause lassen. Die Diskussion über persönliche Werte wird daher nicht selten als eine Einmischung in die Privatsphäre, als eigennützige Manipulation oder als ein weiterer Versuch der Unternehmensführung, die Zitrone noch mehr auszupressen, empfunden.

Teil 4: Die Herausforderung

Von dem Tag an, an dem es der Unternehmensführung und den Mitarbeitern gelingt, alte Zöpfe abzuschneiden und sich als echte Partner zu begegnen, wird es nur noch Gewinner geben. Die Interessen von Mitarbeitern und Unternehmen sind nicht gegensätzlich. Dies ist ein Mythos, den wir endlich zerschlagen sollten. Der größte Wunsch jedes Unternehmens ist, gute und motivierte Mitarbeiter zu haben. Denn in erster Linie hängt der Unternehmenserfolg davon ab. Weder Maschinen noch Kapital machen Geschäfte, sondern Menschen. Auf der anderen Seite haben wir noch nie jemanden getroffen, der nicht gerne motiviert und gut sein möchte. Jeder Mensch strebt danach. Es ist ein äußerst wichtiges, wenn nicht das wichtigste Bedürfnis jedes Menschen. Mitarbeiter und Unternehmen haben in den entscheidenden Fragen die gleichen Interessen! Daher scheint es unverständlich, wenn sowohl die Mitarbeiter wie auch die Unternehmensführung nicht alles tun, um ihren wichtigsten Wunsch zu erfüllen. Die Arbeit und Auseinandersetzung mit den persönlichen Werten ist der Weg.

Die Entdeckung der persönlichen Werte

Erkenne dich selbst

Es wird sehr viel geschrieben und gelehrt, wie man seine Führungskompetenz entwickelt. Trotz aller Theorien, Schulen und Seminare sind gute Führungskräfte rar. Den Grund kennen wir: In der heutigen Tradition glaubt man, Führungskompetenz durch Wissen, Erfahrungen und Fertigkeiten entwickeln zu können und dies, obwohl jeder, den wir gefragt haben, die **Persönlichkeit** als die wichtigste Kompetenz anerkennt. Und trotzdem gibt es unseres Wissens keine Institution, die ihre Aufgabe in der Entwicklung der Führungspersönlichkeit erkennt. Oder kennen Sie eine Schule oder ein Institut, in dem man Ehrlichkeit, Aufrichtigkeit, Vertrauen, Glaubwürdigkeit, Offenheit, Engagement, Freude, Humor, Visionsfähigkeit, Mut oder Respekt lernen kann?

Eine Institution im traditionellem Sinne wird dieser Aufgabe auch nie gerecht werden können, denn die persönlichen Eigenschaften kann man nicht durch traditionelles Lernen entwickeln. Es braucht dazu eine ganz neue Form des Lernens: die **Selbstreflexion**. Sie unterscheidet sich vom traditionellen Lernen in vielerlei Hinsicht.

Merkmale der Selbstreflexion

- Das Objekt unseres Lernens sind wir selbst.

- Die Quellen der Erkenntnis sind weder Lehrer, Professoren, Bücher noch Manuskripte. Jeder Mensch hat selbst alle notwendigen Voraussetzungen, seine persönlichen Eigenschaften zu entwickeln. Er muss nur lernen, in sich hineinzuhören.

- Zur wirksamen Selbstreflexion braucht es professionelle Spiegelung. Der Coach nimmt keine aktive und dominante Rolle ein. Er "begleitet" den Gecoachten – in Einzel- oder Gruppen-Settings – und seine Aufgabe besteht vor allem darin, mit Einfühlungsvermögen das Gespräch auf der subjektiven Ebene zu halten.

- Der Coach muss eine reife und weise Persönlichkeit sein, der auf andere Menschen ein-

Teil 4: Die Herausforderung

gehen kann. Profilierungssucht, Guru-Getue und jede andere Form der Überheblichkeit, die sich viele Gelehrte, Trainer und Berater zulegen, kann man sich nur beim traditionellen Lernen leisten – und wird dort zum Teil auch gewünscht. Die neue Form des Lernens erfordert die Begegnung zwischen zwei Erwachsenen und nicht die Begegnung zwischen Wissendem und Unwissendem, bzw. Meister und Schüler.

- Es gibt keine Diplome und Zeugnisse.

- Das subjektive Wahrnehmen und das emotionale Urteilen sind wichtiger als die objektiven Tatsachen und die rationalen Erklärungen.

- Ein wichtiger Teil des neuen Lernens baut auf das Prinzip der Umkehrung: Probleme, Fragestellungen und Antworten um 180 Grad umzudrehen. Um die persönlichen Werte zu differenzieren, ist es wichtig, dass eine 360-Grad-Perspektive geschaffen wird, um das Ganze zu erkennen.

Die Differenzierung der persönlichen Werte setzt einen Bewusstwerdungsprozess voraus. "Erkenne dich selbst" stand über dem Tempeleingang zum Orakel von Delphi. Jede Frage, die man dem Orakel stellte, wurde mit einer Gegenfrage beantwortet. Schon damals hatte man erkannt, dass der Bewusstwerdungsprozess keine Antworten braucht, sondern die richtigen Fragen. Aus diesem Grund bringt die professionelle Spiegelung eines Coaches eine erhebliche Effektivitätssteigerung der Selbstreflexion.

Was auch zur Selbstreflexion gehört, sind stille Stunden zum Nachdenken, zur Kontemplation und Meditation. Viele Menschen haben Mühe, sich die Zeit dazu zu nehmen. Es ist jedoch nur eine Frage der Prioritätensetzung. Wenn wir erkennen, dass diese Zeit der Persönlichkeitsentwicklung dient, und dass sie unsere wichtigste Aufgabe ist, werden wir auch Zeit finden. Das Gefühl der Zeitnot und der Zeitverschwendung kommt immer dann auf, wenn wir Dinge tun, die nicht wichtig sind. In dem Moment, wo wir Dinge tun, die uns wirklich wichtig sind, können wir unsere Zeit nicht besser nutzen. Wir erleben dann eine erfüllte Zeit, und gibt es etwas wichtigeres im Leben, als die Auseinandersetzung mit den persönlichen Werten – und damit auch mit dem Sinn, der Selbstmotivation und der eigenen Persönlichkeitsentwicklung?

Die stillen Stunden sind aber von geringem Nutzen, wenn keine echte Selbstreflexion stattfindet. Es ist keine leichte Aufgabe, sich selbst im Spiegel zu betrachten und sich dabei dessen bewusst zu werden, was einem da begegnet. Die beste Methode, um die Selbstreflexion zu fördern, ist die Schriftlichkeit – das schriftliche Selbstgespräch.

Das Prinzip der Schriftlichkeit hat folgende Vorteile:

- Fragen, Gedanken und Erkenntnisse, die wir nur im Kopf haben, werden leicht vergessen.

- Das Formulieren und Niederschreiben der eigenen Fragen, Gedanken und Erkenntnisse zwingt uns automatisch zu einer differenzierten Betrachtung und damit zum besseren Verständnis.

- Emotionale Angelegenheiten profitieren vom "Tagebuch-Effekt". Ärger, Probleme und Niedergestimmtheit lassen sich mit dem Niederschreiben besser verarbeiten.

- Die schriftlich fixierten Fragen, Gedanken und Erkenntnisse haben eine größere psychologische Wirkung. Wir sind innerlich besser vorbereitet, sie im Leben umzusetzen.

- Schriftlichkeit fördert die Zielorientiertheit. Wir lassen uns weniger ablenken und werden angehalten, uns auf das schriftlich Fixierte zu konzentrieren.

- Das schriftliche Fixierte erleichtert den Rückblick. Es macht Fortschritte sichtbar und liefert automatisch eine Dokumentation über den geleisteten Weg der Bewusstwerdung.

Teil 4: Die Herausforderung

Neben der Schriftlichkeit empfehlen wir dem Leser, der sich mit seinen persönlichen Werten auseinandersetzen will, in jeder stillen Stunde der Selbstreflexion folgende Schritte zu vollziehen:

- Zu Beginn: Entscheiden Sie, welches Ihre drei wichtigsten Werte sind. Im beiliegenden Arbeitsbuch sollen die entsprechenden Übungen Ihnen dabei helfen, Ihre persönlichen Werte zu definieren. Danach: Fragen Sie sich hin und wieder, ob die von Ihnen gewählten Werte immer noch die wichtigsten sind. Mit neugewonnen Erfahrungen und Erkenntnissen kann sich die Bedeutung der Werte verschieben.

- Überlegen Sie sich, welchen Inhalt Sie Ihren persönlichen Werten geben. Umschreiben Sie sie. Suchen Sie nach typischen Beispielen und Erlebnissen, die Ihre Werte veranschaulichen. Es können auch Bilder und Geschichten sein. Versuchen Sie auch alle Facetten Ihrer Werte zu erfassen. Werte sind vielschichtig. Je nach Situation können sie eine andere Bedeutung erhalten. Im Arbeitsbuch können Sie nach dem Kompassverfahren vorgehen, dass heißt Sinn, Ziele, und Maßnahmen für jeden Wert bestimmen.

- Versuchen Sie die Bereiche aufzuzeigen, die ihren persönlichen Werten nicht genügen und die sie daher gerne entwickeln möchten. Schreiben Sie auch Ihre Vorstellungen auf, was Sie daran hindert, nach Ihren Werten zu handeln. Erstellen Sie auch eine Bilanz. Fragen Sie sich: Was gewinne ich und was verliere ich, wenn ich meine Werte umsetze? Auf den entsprechenden Seiten des Arbeitsbuches können Sie diese Fragen durchgehen.

- Fragen Sie sich, wie Sie Ihre persönlichen Werte im täglichen Leben und bei der Arbeit konkret umsetzen können. Planen Sie täglich für jeden Wert eine konkrete Maßnahme. Denn wir werden nicht durch das, was wir sagen, sondern durch unsere Handlungen beurteilt. Das Vorleben der eigenen Werte ist es, was eine gute Führungspersönlichkeit auszeichnet. Daher: Verwenden Sie einen Tagesplan, in dem Sie neben Terminen und Aufgaben auch Gedanken und Vorhaben zu Ihren persönlichen Werten festhalten können. Es muss also ein Tagesplan sein, der sowohl übersichtlich ist wie auch viel Platz zum Schreiben bietet. Im Arbeitsbuch finden Sie eine Anleitung zum methodischen Vorgehen.